AVERTISSEMENT.

LES esprits foibles & vains rougissent d'avoüer qu'ils se sont trompés : c'est l'un des tristes appanages des enfans d'Adam. Un cœur droit & régénéré dans les eaux du Baptême, s'éleve aisément au-dessus de la bassesse de ces sentimens : il se fait honneur à ses dépens, de rendre hommage à la vérité. L'amour sensé trouve une gloire solide & véritable dans l'aveu de la faute qui le fait gémir. Ecclés. 4.

Je suis dans le cas de me faire l'application de ce principe, & je n'en rougis point. J'ai lû l'Histoire Ecclésiastique, & j'ai assisté à quantité de Panégiriques de saint Augustin, pour lequel j'ai toujours eu une vénération singulière, & je n'y ai apperçû aucun trait qui pût me faire soupçonner que ce saint Docteur eut été Moine & l'Instituteur des Moines en Afrique. Je regardois les Religieux, qui se décorent de son nom, comme des Prêtres qui s'étoient attachés particuliérement à défendre sa doctrine & sa morale, qui est conforme au saint Evangile, & je ne croyois pas devoir porter plus loin mes regards.

AVERTISSEMENT.

J'ai été détrompé par un Religieux de son Ordre ; quoique les entretiens, que j'ai eus avec lui, m'ayent humilié ; il me paroît qu'il est de mon devoir de les donner au Public, afin de ne pas laisser dans l'erreur ceux qui, par leur état, ne sont pas plus obligés que moi de vaquer à des recherches curieuses ; & à l'examen critique d'une matiére, qui est à la vérité édifiante, mais qu'on peut ignorer sans courir aucun risque pour son salut.

ENTRETIENS D'UN AVOCAT AU PARLEMENT D'AIX, ET D'UN RELIGIEUX AUGUSTIN, SUR LE MONACHISME DE S^T. AUGUSTIN.

PAR UN AVOCAT AU PARLEMENT D'AIX.

M. DCC. LII.

ENTRETIENS D'UN AVOCAT AU PARLEMENT D'AIX, ET D'UN RELIGIEUX AUGUSTIN, SUR LE MONACHISME DE St. AUGUSTIN.

PREMIER ENTRETIEN.

Sur les préjugés contre le Monachisme de saint Augustin.

L'AVOCAT.

E vous aime & vous estime, mon Révérend Pere ; je respecte le Corps dont vous êtes Membre : mais je ne puis vous dissimuler que vous vous décorez d'un nom qui ne vous convient pas, & qui vous appartient encore moins.

Votre nom d'Hermites, de l'Ordre de S. Augustin, donne lieu à une infinité de plaisanteries.

L'AUGUSTIN.

Il paroît en effet, Monsieur, que vous êtes aujourd'hui dans votre humeur de plaisanter; car le nom que nous portons nous appartient à juste titre, & il est convenable à la situation où nous étions, lorsque les souverains Pontifes nous ont tirés de la solitude, pour nous placer dans les Villes, où ils nous croyoient alors utiles pour les besoins de l'Eglise; ainsi vous me permettrez de vous représenter, que votre plaisanterie est mal placée.

L'AVOCAT.

Je vous excuse, mon Révérend Pere; vous suivez les préjugés qu'on vous a inspirés, lorsqu'on vous a revêtu de l'habit de votre Ordre. Mais aujourd'hui que vous êtes homme sensé, & instruit de l'Histoire Ecclésiastique, croyez-vous qu'il soit décent de persévérer dans les préjugés de votre adolescence, & de ne pas laisser prévaloir la vérité?

L'AUGUSTIN.

Les hommes les plus remplis de préjugés se les cachent à eux-mêmes, & croyent en appercevoir dans les autres; chacun pense avoir la vérité pour guide; & on s'en éloigne d'autant plus qu'on s'imagine la posséder; on ne fait pas les recherches nécessaires pour la trouver.

L'AVOCAT.

Vous m'insultez, mon Révérend Pere; je les ai faites ces recherches, dont vous parlez; & je suis surpris qu'il n'y ait que dans votre Ordre qu'on ignore que S. Augustin n'a jamais été Moine ni Hermite; qu'il a été l'un des plus sçavans

Evêques de toute l'antiquité ; qu'il a donné des régles pour la sanctification des hommes de tout état, de toute condition, de tout sexe, & singuliérement pour le Clergé; mais qu'il n'a jamais pensé aux Moines, qui avoient des Supérieurs pour les diriger & les conduire. Et pour vous prouver que je parle avec connoissance de cause, lisez (c'est S. Augustin qui parle.)

Effrayé par la multitude de mes pechés & par le poids de ma misere, j'avois dessein & je méditois de me retirer dans la solitude ; mais vous m'en avez empêché, Seigneur, en me disant : Jesus-Christ est mort pour tous, afin que ceux qui vivent ne vivent plus pour eux-mêmes, mais pour celui qui est mort & ressuscité pour eux. *Je vous remets donc le soin de moi-même, afin que je vive, & je considererai les merveilles qui sont enfermées dans votre Loi. Vous connoissez mon ignorance & ma foiblesse, instruisez-moi & guerissez moi. Votre Fils unique*, dans lequel réside tous les thrésors de la sagesse & de la science, m'a racheté au prix de son sang. Que les superbes ne m'accusent point par leurs calomnies, *puisque j'ai toujours devant les yeux le Prix de ma rédemption, & que je ne cesse point de le boire & de le manger. Je le dispense même aux autres, tout indigne & pauvre que je suis, & je souhaite de m'en remplir avec ceux qui le mangent & qui s'en remplissent*, & qui loüent le Seigneur, parce qu'ils le cherchent.

Libr. 10. Conf. c. 43. n. 70. — *1. Corint. 5.* — *Psalm. 118.* — *Coloss. 2.* — *Apocal. 5.* — *Psalm. 118.* — *Psalm. 21.*

On voit clairement dans S. Augustin un Pénitent ; mais je vous défie d'y trouver un Moine ou un Hermite. Ce saint Docteur déclare, que Dieu l'en empêcha, & qu'il se soumit à ses ordres. Ce n'est donc pas par préjugé que j'ai parlé ; j'avois en main de bonnes preuves. Je vous demande donc réparation de l'injure que vous m'avez faite.

L'AUGUSTIN.

Est-ce à vous, Monsieur, à me demander réparation d'honneur, pour avoir dit la vérité, ou à moi de l'exiger de vous, pour avoir taxé un Ordre célébre d'ignorer les circonstances différentes, où il a plû à Dieu de mettre à l'épreuve la foi, l'espérance & la charité de S. Augustin ?

L'AVOCAT.

Ce n'est point avec des lieux communs qu'on amuse un Avocat. J'ai mis sur le Bureau un texte clair & précis de S. Augustin. Ce n'est que par ses armes que vous pouvez me combattre & me détromper, si j'ai été jusqu'à l'âge de cinquante-cinq ans dans l'erreur.

L'AUGUSTIN.

Vous avez, Monsieur, produit contre nous un texte de S. Augustin qui ne prouve rien. Je m'engage à vous en faire une démonstration, & à vous en citer mille, qui vous convaincront invinciblement qu'il a été Moine & l'Instituteur des Moines, & qu'il est véritablement notre Instituteur & notre Pere.

Mais il faut auparavant vous faire remarquer qu'il y a bien de la différence entre les preuves des Théologiens & celles des Avocats. Ceux-ci, pour l'ordinaire, ne s'attachent qu'à la superficie d'un Procès. Il suffit qu'on ait péché dans la forme ou en quelque incident, ou qu'ils ayent pour le fond une preuve réelle ou apparente, pour se persuader que leur Cause sera victorieuse. Il n'en est pas ainsi des Théologiens ; ils examinent non-seulement les textes, mais le sens, la relation, le tems & la combinaison de ces textes. Ce n'est qu'après ces sages précautions qu'ils ſe déterminent à préférer une opinion à l'autre : ils obſervent les régles de la critique qui les conduiſent immanquablement à la connoiſſance de la vérité. Mais les Avocats ne ſe donnent pas communément la peine de les apprendre, & encore moins de les ſuivre : vous en aurez la preuve dans l'examen du texte de S. Auguſtin que vous venez de citer. Vous devez donc vous conformer à nos régles pour la cauſe de ſon Monachiſme ; car c'eſt le ſeul moyen de convaincre un homme judicieux, qu'il a été Moine & l'Inſtituteur des Moines en Afrique.

L'AVOCAT.

Vous croyez me dégoûter par la longueur d'un examen critique, ou m'en impoſer par des textes de S. Auguſtin, auxquels vous donnerez des ſens forcés : ils ne ſeront propres qu'à me confirmer dans l'idée que ce ſaint Docteur n'a point été Moine, ni penſé à établir des Moines.

L'AUGUSTIN.

L'idée que vous avez d'un examen critique, n'eſt pas plus exacte que celle que vous vous êtes formée du Monachiſme de S. Auguſtin. Un Examen critique eſt clair, précis, fondamental, & ne laiſſe aucun doute ſur la matiére qui en eſt l'objet : on l'a tiré au clair, les nuages ſe diſſipent, & on ne trouve plus que la vérité toute pure.

L'AVOCAT.

Mes affaires ne me permettent pas de vaquer à un Examen ſi diffus ; l'intérêt du public & de ma famille s'y oppoſe.

L'AUGUSTIN.

Souvenez-vous donc, Monſieur, que quiconque quitte la partie la perd, & que vous ſerez dorénavant obligé d'avoüer que S. Augustin a été Moine & l'Instituteur des Moines ; que le nom d'Augustins convient à l'Ordre qui porte le nom ; qu'il lui appartient privativement à tout autre ; que c'est enfin une plaisanterie mal placée, que de lui contester un nom qui lui est dû à juste titre.

L'AVOCAT.

Je n'en conviendrai jamais, mon Révérend Pere ; répondez au texte de S. Augustin, & nous en demeurerons là, s'il vous plaît.

L'AUGUSTIN.

Il est aisé, Monsieur, de vous satisfaire.
Notre saint Docteur n'a fait le Livre de ses
L'an 400. Confessions, que quatorze ans après sa conversion. Il étoit donc alors non-seulement Moine, mais Prêtre & Evêque d'Hypone. Il composa ce Livre comme un rempart & une digue contre les loüanges qu'on lui donnoit de toutes parts, & qui lui faisoient répandre bien des larmes.

L'an 386. Il avoit donc déja jetté les fondemens de la
Libr. 9. Con- vie Monastique, dans la maison de campagne
fess. c. 3. n. de Verecundus, où il passa sept ou huit mois
5. dans le jeûne, la priere & la lecture des Livres
S. Possid. saints, pour se disposer au saint Baptême. Il avoit
vita S. Aug. déja passé trois ans dans la vie Monastique à
cap. 2. & 3. Tagaste, où il vendit en arrivant son patrimoine, & en donna le prix aux Pauvres. Valere
L'an 391. l'avoit déja ordonné Prêtre malgré ses résistan-
L'an 395. ces, & l'avoit fait même consacrer Evêque d'Hypone, par l'apréhension qu'il avoit que l'amour de la solitude ne l'emporta, ou qu'on ne le fit Evêque dans une autre Ville. Il lui avoit donc
Serm 355. déja donné un Jardin près de l'Eglise d'Hypone, où il fit bâtir un Monastére, parce qu'il voulut

conservet à Hypone son genre de vie, & vivre avec ses Moines, jusqu'après la mort de Valere, qu'il se trouva dans l'obligation d'exercer l'hospitalité : & croyant que ce seroit une indécence de le faire dans un Monastere avec ses Moines, il en établit un de Clercs dans sa Maison Episcopale. *L'an 402.*

Saint Augustin n'étoit donc pas seulement Moine, mais Prêtre & Evêque d'Hypone, quand Dieu lui défendit d'embrasser la vie solitaire & hérémitique, & qu'il lui ordonna de demeurer dans l'état où il l'avoit placé. C'étoit par humilité qu'il pensoit à se retirer dans le Désert. ***Tu scis imperitiam meam & infirmitatem meam, doce me & sana me.*** Le Seigneur l'en empêcha, en lui disant, que Jesus-Christ est mort pour tous, afin que ceux qui vivent ne vivent plus pour eux-mêmes, mais pour celui qui est mort & ressuscité pour eux. Notre saint Docteur resta donc chargé du poids de l'Episcopat ; mais il ne perdit point de vûe que Jesus-Christ, dans lequel réside tous les thrésors de la sagesse & de la science de Dieu, l'avoit racheté au prix de son sang; il le prie de le rendre digne de participer à cette Victime adorable, & de l'en remplir dans sa pauvreté, avec ceux qui le loüent & qui le cherchent.

L'AVOCAT.

Votre réponse n'est point satisfaisante : elle suppose ce qui est en question parmi nous. Il s'agit de faire voir que S. Augustin a été Moine & l'Instituteur des Moines : c'est ce que vous avancez sans le prouver.

L'AUGUSTIN.

Je conviens que je ne l'ai pas prouvé ; ce n'étoit pas mon intention : j'avois seulement dessein de répondre à votre objection fondée sur le texte de notre saint Docteur ; & je crois y avoir satisfait selon les regles de la critique la plus exacte. Si vous voulez des preuves de son Monachisme, je me charge de vous en fournir de certaines & d'évidentes, auxquelles vous ne pourez vous refuser.

L'AVOCAT.

Vous me piquez, mon Révérend Pere : vous parlez d'un ton si affirmatif, que vous excités ma curiosité. Je veux juger de vos preuves ; mais ce sera, s'il vous plaît, dans le courant de la semaine prochaine.

DEUXIE'ME ENTRETIEN.

Dieu jette dans l'esprit & le cœur d'Augustin les fondemens de la vie Monastique.

L'AVOCAT.

Hé bien, mon Révérend Pere, avez-vous disposé ces preuves convaincantes dont vous me parliez la semaine passée ?

L'AUGUSTIN.

Oüi, Monsieur, elles sont toutes prêtes ; mais il est nécessaire, pour une pleine & entiere conviction, de vous assujettir à nos régles de critique, afin de mettre sous vos yeux, pendant quarante-quatre ans, des preuves incontestables que S. Augustin a été Moine & l'Instituteur des Moines.

L'AVOCAT.

Ces longues discussions m'effrayent : je suis redevable de mon tems, à Dieu, au public & à ma famille.

L'AUGUSTIN.

Je le sçai, Monsieur : vous verrez que par l'ordre que nous garderons, il ne nous faudra que cinq ou six conférences pour expédier une affaire à laquelle vous paroissez vous interesser.

L'AVOCAT.

Je m'y interesse si parfaitement, que je suis disposé à publier par tout le Monachisme de S. Augustin, si vous m'en donnez des preuves solides, ou à annoncer votre défaite *sur le haut* Matth. 10. *des Maisons*, si je les trouve défectueuses.

L'AUGUSTIN.

Je vous reconnois, Monsieur, à votre langage : vous parlez en homme qui a des sentimens ; j'y applaudis de tout mon cœur : mais faites attention que quand Dieu veut convertir une ame ; il ne blesse point sa liberté. *Il atteint avec force, depuis une extrêmité jusqu'à l'autre,* Sages. 8. *& dispose tout avec douceur.* Il vouloit convertir Augustin, qui joignoit à un cœur droit un génie supérieur. Ce jeune homme libertin, respectoit néanmoins la vertu : elle lui paroissoit belle & aimable ; mais sa foiblesse l'entrainoit. Il demandoit à Dieu le don de chasteté, & il Libr. 9. appréhendoit que Dieu le lui accorda. Il avoit Confess. cap. du penchant pour les hommes vertueux, & il 9. les recherchoit. Il écoutoit avec plaisir l'Histoire Ibid. 6. récente que lui racontoit S. Simplicien de Victorin, auquel on éleva, à cause de son éloquence, une Statuë dans une Place publique de Rome. Cet homme, si distingué, avoit toujours Ibid. 4. été Idolâtre. Sa curiosité le porta à lire les Livres sacrés, pour y voir les principes d'une Religion qui faisoit tant de bruit dans le monde. Preuves de Il en jugea dès-lors comme M. le François qui la Religion.

les a mis en évidence dans l'excellent Ouvrage qu'il vient de donner au Public.

L'harmonie des deux Testamens ne lui laissa aucun doute sur la Divinité de l'un & de l'autre. Il se croyoit déja Chrétien ; mais il n'avoit pas encore cette foi Divine qui s'assujettit l'esprit & le cœur, pour les soumettre à l'obéissance de Jesus-Christ. Il appréhendoit d'offenser ses amis qui étoient grands dans le monde, & très-attachés à l'idolâtrie : mais enfin Dieu toucha son cœur, & donna toute la forme convenable à sa conquête. Victorin mit sa gloire à faire publiquement profession du Christianisme, avec l'étonnement des Payens & la joye de toute l'Eglise.

Ibid. Libr. 6. c. 7. Mais Augustin ne fut pas moins touché de la conversation qu'il eut avec Pontitien : il l'entretint de la vie de S. Antoine, dont il n'avoit eu jusqu'alors aucune idée ; de cette multitude de Moines qui répandoient par tout une excellente odeur ; du Monastere de Milan qui étoit hors des murs, & dont S. Ambroise étoit le protecteur & le soutien ; des deux Courtisans de l'Empereur, qui, se promenant à Treves dans les Jardins contigus aux murs, entrérent dans la Tente des Moines, y trouvérent la Vie de S. Antoine, la lûrent & en furent si touchés, qu'ils préférérent le service de Dieu aux avantages qu'ils pouvoient esperer à la Cour de l'Empereur.

Ibid. 8. Ces exemples faisoient de vives impressions sur l'esprit & le cœur d'Augustin. Quoi ! disoit-il à Alipe, son confident & son ami, les ignorans s'élevent vers Dieu & ravissent le Ciel ; & nous, avec toute notre science, nous sommes assez misérables pour demeurer abîmés dans la chair & dans le sang. Est-ce parce que de tels gens ont pris le devant, que nous aurions honte de les suivre ? Et ne devons-nous pas au contraire mourir de honte de n'avoir pas même le courage de les suivre, & de faire ce qu'ils ont fait ?

Augustin trouvoit en lui-même un combat dont il étoit surpris : il n'avoit pas la force d'exécuter ce qui lui paroissoit incomparablement plus aimable. L'esprit, disoit-il, commande au corps, & il est obéi. L'ame commande à la main de se mouvoir, & il n'y a point d'intervalle entre le commandement & l'obéïssance ; & la volonté, qui est une faculté essentielle de l'ame, ne lui est point soumise. N'y a-t-il pas là quelque chose de monstrueux ? D'où est-ce que cela peut venir ? car c'est l'ame qui se commande à elle-même de vouloir une chose : elle la veut donc ; elle ne se la commanderoit pas si elle ne le vouloit point. D'où vient donc qu'elle ne se fait point ? C'est que l'ame ne commande qu'à demi, parce qu'elle ne veut qu'à demi : elle ne commande qu'autant qu'elle a de volonté que la chose soit ; & son commandement ne demeure sans effet, que parce qu'il y a des degrés de la volonté qui s'y opposent. Or, tant que le commandement de l'ame n'est point entier, la volonté ne l'est pas non plus. Il n'est donc point étonnant que la chose commandée demeure sans effet.

Ce qui paroissoit monstrueux ne l'est donc pas. L'ame ne se trouve ainsi indécise, que parce qu'elle est malade & appesantie sous le poids de la concupiscence & de ses mauvaises habitudes, qui l'attire en bas & la courbe vers la terre, & qu'elle n'est emportée qu'à demi par l'attrait de la vérité, qui lui montre l'élévation où elle doit tendre. Ces deux mouvemens différens sont en elle comme deux volontés différentes : ce qui manque à l'une, & qui empêche qu'elle ne soit entiere, est précisément ce qui fait l'autre : c'est la maladie des enfans d'Adam ; ils ont tous le pouvoir physique de faire le bien ; mais c'est Dieu, qui, par sa grace, leur donne le pouvoir moral, & les aide à l'accomplir.

L'AVOCAT.

Tous ces traits que vous venez de rapporter, tendent-ils, mon Révérend Pere, à prouver le Monachisme de S. Augustin ?

L'AUGUSTIN.

Pouvez-vous en douter, Monsieur ? Dieu veut convertir Augustin, & en faire l'Instituteur & le Pere des Moines : il lui met devant les yeux, avant sa conversion, des exemples sensibles & frapans, afin de l'engager à les suivre, & à tendre dès cet instant à l'accomplissement des conseils Evangéliques. N'en avez-vous pas
Ibid. 8. vû la preuve dans ses paroles ? *Est-ce parce que de telles gens ont pris le devant, que nous aurions honte de les suivre ? Ne devons-nous pas au contraire mourir de honte, de n'avoir pas même le courage de les suivre, & de faire ce qu'ils ont fait ?* N'avez-vous pas encore remarqué que ces Moines, dans la Tente desquels entrérent les deux Courtisans de l'Empereur, sont simple-
Ibid. 6. n. 15. ment appellés, par S. Augustin, *serviteurs de Dieu ? Ubi habitabant quidam servi Dei, spiritus pauperes, qualium est regnum cœlorum.*

L'AVOCAT.

Mais encore une fois, je n'apperçois pas le Monachisme de S. Augustin dans tous les traits que vous cités ?

L'AU-

L' AUGUSTIN.

Souffrez, Monsieur, que je vous fasse part de la réponse de ce saint Docteur à ceux qui méprisent la Foi ; parce qu'elle renferme l'humilité. Les ignorans méprisent les fondemens dans les édifices : Ils sont enfermés dans la terre ; on ne les voit pas, mais ils n'en sont pas moins nécessaires pour la solidité de ces édifices. Vous sçavez, Monsieur, que dans cet entretien, je n'ai prétendu qu'établir les fondemens du Monachisme de S. Augustin : vous ne pouvez donc pas encore voir l'édifice.

Tract. 40. in cap. 8. S. Joan. n. 8. 9.

L' AVOCAT.

C'est de la construction de cet édifice dont je vous demande des preuves.

L' AUGUSTIN.

Je suis, Monsieur, très-mortifié d'exercer votre patience ; mais il ne m'est pas possible d'établir le Monachisme de S. Augustin avant sa conversion. Vous sçavez qu'elle fut miraculeuse & si parfaite, qu'il se reprochoit devant Dieu d'avoir continué à donner ses leçons d'éloquence pendant les vingt jours qui restoient jusqu'aux vacances, quoiqu'il ne l'eut fait que pour éviter l'éclat, & pour empêcher les murmures des Milanois, qui auroient souhaité qu'il les eut continuées toute sa vie.

Libr. 9. Confess. cap. 2. l'an 386.

Augustin n'étoit alors que dans sa trente-deuxiéme année ; & Dieu avoit embrasé son cœur de l'amour le plus tendre & le plus ardent. Toute sa douleur étoit d'avoir commencé si tard à aimer la beauté souveraine, toujours ancienne & toujours nouvelle. Dieu perçoit son ame des fléches de sa charité. L'exemple des Moines, que Dieu avoit ressuscité, produisoit dans son cœur de nouvelles flammes, qui con-

Libr. 10. Confess. cap. 27.

ſumoient tout ce qui pouvoit reſter de tiédeur dans ſes ſens. Agiſſez, Seigneur, opérez; rappellez-nous à vous; répandez en nous le feu de votre amour; attachez-nous à vous; embraſez-nous de l'ardeur de votre charité; faites que nous trouvions en vous ſeul notre joye, notre gloire, notre bonheur & notre conſolation; que nous vous aimions, & que *nous courions à l'o-*
Cant. c. 1. *deur de vos parfums.*

Libr. 9. cap. 3. N'en eſt-il pas d'autres que Victorin, qui reviennent à vous de la profondeur de leurs ténébres, & qui étant éclairés, reçoivent la lumiere qui leur donne la puiſſance d'être du nombre de vos enfans?

C'eſt pour recevoir cette divine lumiere, qu'Auguſtin ſe retira dans la Maiſon de campa-
Libr. 10. cap. 24. gne de Verecundus : il y publie les merveilles, les grandeurs & les miſéricordes de Dieu. Les Livres ſacrés ſont ſes chaſtes délices : le jeûne, la priere & l'étude ſont toute ſon occupation : les larmes qu'il répand, à la vûe de ſes péchés, ſont plus douces & plus délicieuſes, que les vains
Libr. 2. c. 2. n. 3. plaiſirs qu'il goûtoit ci-devant, & que Dieu rempliſſoit d'amertumes pour l'engager à y renoncer.

Les trois Livres qu'il fit alors contre les Académiciens, (ſes Livres *de la Vie bienheureuſe*, *de*
Libr. 1. retract. cap. 1. 2. 3. 4. 5. *l'Ordre*, *de l'immortalité de l'Ame*; & ſes deux Livres *de Soliloques*), ne font-ils pas voir qu'il eut ſouhaité d'avoir la voix aſſez forte pour faire entendre à toute la Terre la bonté, la douceur, & la miſéricorde de Dieu envers ceux qui reviennent à lui dans l'amertume de leur ame, & dans toute la ſincérité de leur cœur?

Il eſt donc évident, Monſieur, que Dieu commença à jetter les fondemens de la vie Monaſtique dans l'eſprit & le cœur d'Auguſtin, par les entretiens qu'il eut avec Simplicien & avec Pontitien ; & qu'il les perfectionna pendant les sept ou huit mois qu'il passa dans la retraite, pour se disposer au saint Baptême qu'il reçût par les mains de S. Ambroise, le 25 d'Avril, qui est aujourd'hui le 5 Mai, par la réforme du Calendrier Grégorien.

Le desir d'embrasser la vie Monastique, que Dieu avoit inspiré à Augustin, étoit si solide & si constant, que d'abord, après avoir reçû le Baptême, il se mit en chemin pour l'exécuter. C'est lui-même qui nous l'apprend, en s'adressant à Dieu. Vous inspirâtes à Evode de se joindre à notre petite troupe, & de venir demeurer avec nous : car c'est vous, Seigneur, qui faites que ceux que vous avez unis de sentimens, son bien-aises de s'unir encore d'une autre maniere, & de n'avoir qu'un même toît. C'étoit un jeune homme de la même Ville, dont nous étions Alipe & moi. Il avoit été quelque-tems attaché à la Cour de l'Empereur ; mais il s'étoit converti à vous, & avoit même été baptisé avant nous ; & s'étant retiré du service des Princes de la terre, il ne pensoit plus qu'à servir le Roi du Ciel. Nous vivions donc tous ensemble, bien résolus de ne point nous séparer, & de demeurer unis dans les bons desseins que vous nous aviez inspirés. Nous n'en étions plus qu'à voir où nous pourions être le mieux pour vous bien servir ; & après y avoir mûrement réfléchi, nous résolumes de retourner en Afrique ; & nous étions déja à Ostie, lorsque ma Mere mourut.

Libr. 9. Conf. c. 8. n. 17.

Sa sainte Mere n'ignoroit pas son dessein, puisque peu de jours avant sa maladie, elle lui disoit : » Pour moi, mon Fils, je ne vois plus

Ibid. 10. n. 26.

» rien dans la vie dont je puisse être touchée : » qu'y ferois-je davantage ? & pourquoi y suis- » je désormais, qu'il ne me reste plus rien à » desirer ? Car la seule chose qui me faisoit » souhaiter de vivre, c'étoit l'envie que j'avois » de vous voir Chrétien & Enfant de l'Eglise » Catholique, avant de mourir. Dieu a rempli » sur cela mes desirs avec surabondance, puis- » qu'après avoir méprisé, pour l'amour de lui, » tout ce que vous pouviez prétendre d'heureux » & d'agréable en ce monde, je vous vois *servi-* » *teur de Dieu* ; que fais-je donc ici davantage ?

Vie S. Aug. cap. 2. S. Posside dit qu'elle eut en effet plus de joye de voir Augustin embrasser la vie Monastique, que de tous ses autres Enfans, qui étoient Chrétiens & Enfans de l'Eglise Catholique.

L'AVOCAT.

Est-ce ainsi, mon Révérend Pere, que vous prétendez prouver que S. Augustin a été Moine & l'Instituteur des Moines ? Est-ce qu'on ne peut pas être serviteur de Dieu, sans être Moine ?

L'AUGUSTIN.

Vous ne faites pas attention, Monsieur, que nous ne sommes encore qu'au fondement du Monachisme de S. Augustin. Pour décider s'il est solide, rappellez dans votre mémoire ces Moines, dans la Tente desquels entrérent les deux Courtisans de l'Empereur. Ne vous fis-je pas remarquer que le saint Docteur les appelle simplement *serviteurs de Dieu* ? On peut sans doute le servir, sans être Moine. Mais ne voyez-vous pas qu'en ce cas, on est Chrétien & Enfant de l'Eglise Catholique, mais qu'on n'est pas Moines ; & que sainte Monique disoit à saint Augustin, qu'elle avoit seulement demandé à Dieu de le voir Chrétien & Enfant de l'Eglise Catho-

lique, avant de mourir ; mais que Dieu lui
avoit accordé cette grace avec ſurabondance,
puiſqu'elle le voyoit, non-ſeulement Chrétien
& Enfant de l'Egliſe Catholique, mais encore
ſerviteur de Dieu, (terme ſynonyme alors avec
celui de Moine.) C'eſt en quoi conſiſtoit préci-
ſément la ſurabondance de graces que Dieu lui
avoit accordées. Le terme de *ſerviteur de Dieu*
eſt commun dans les Ouvrages de S. Auguſtin,
pour déſigner les Moines. Liſez, Monſieur ; on
dit très-ſouvent des *ſerviteurs de Dieu*. Celui-ci a
demeuré, s'eſt repoſé ou a habité tant d'années *Serm.* 114.
dans un tel Monaſtere. *n.* 8.

Mais pour qu'il ne vous reſte aucun doute
ſur cette expreſſion, S. Poſſide, qui a vécu fa-
milierement près de quarante ans avec S. Auguſtin, va vous donner tous les éclairciſſemens
que vous pouvez ſouhaiter. Il nous apprend *Vita S. Aug.*
que S. Auguſtin renonça, de toute la plénitude *cap.* 2.
de ſon cœur, à toute eſpérance dans le ſiécle ;
qu'il ne voulut avoir ni femme, ni enfans, ni
richeſſes, ni honneurs ; qu'il ſe fixa à ſervir
Dieu avec ſes amis & ſes concitoyens ; & d'être
en lui de ce petit troupeau auquel Jeſus-Chriſt
dit : ***Ne craignez pas, petit troupeau, car il a*** *Luc.* 12.
plû à votre Pere de vous donner ſon Royaume.
Vendez ce que vous avez, & donnez-le en au-
mônes. Faites-vous des bourſes qui ne s'uſent
point par les tems. Et deſirant encore d'exécuter
ce que dit le Seigneur : ***Si vous voulez être par-*** *Matth.* 19.
fait, allez, vendez ce que vous avez, & donnez-
le aux Pauvres, & vous aurez un thréſor dans
le Ciel ; puis venez & me ſuivez. Deſirant encore d'élever, ſur le fondement de la Foi, un
édifice, non de bois, de foin, de paille ; mais
d'or, d'argent & de pierres précieuſes, &c. 1. *Corint.* 3.

Après nous avoir appris son desir, il nous en montre l'exécution. Augustin revint en Afrique, & passa environ trois ans à Tagaste avec ses amis & ses concitoyens, *serviteurs de Dieu* comme lui, dégagés de tous soins terrestres, dans le jeûne, la priere, les bonnes œuvres, & la méditation de la Loi de Dieu, jour & nuit. *Ferme*
Vita S. Aug. cap. 3. *triennio, & à se jam alienatis curis secularibus, cum iis qui eidem adhærebant, deo vivebat, jejuniis, orationibus, bonisque operibus, in lege Domini meditans die ac nocte.*

Il ajoûte enfin, qu'après que S. Augustin eut été fait Prêtre & Evêque, ses Moines vécurent avec lui, jusqu'après la mort de Valere comme avec leur frere; & sous lui, comme leur Supé-
Ibid. c. 11. rieur & leur Instituteur. *Cum sancto & sub sancto Augustino in Monasterio deo servientes.*

Pouriez-vous, Monsieur, en exiger davantage des Moines les plus parfaits? Or, telles furent les dispositions de S. Augustin dès l'instant de sa conversion. Vous verrez amplement dans la suite l'exécution de tout ce que S. Posside vient
1. Corint. 3. de nous raconter. *L'Ouvrage de chacun paroîtra, & le jour du Seigneur fera voir quel il est; parce qu'il sera découvert par le feu, & que le feu mettra à l'épreuve l'Ouvrage de chacun. Que si l'Ouvrage de quelqu'un demeure sans être brûlé, il en recevra la récompense. Que si au contraire l'Ouvrage de quelqu'un est brûlé, il en souffrira la perte.*

Oseriez-vous dire, ou même penser, que l'Ouvrage de S. Augustin a été brûlé par le feu? Seriez-vous surpris de voir à Tagaste, à Hypone, à Carthage, & dans toute l'Afrique, l'établissement de la vie Monastique, dont saint Augustin conçût une si haute idée, par la relation que Pontitien lui fit des Monaſteres d'Egypte, de Treves & de Milan ? Vous êtes, Monſieur, trop attaché à notre ſaint Docteur, pour ne pas voir avec plaiſir qu'il fut fidéle pendant quarante-quatre ans aux graces que Dieu répandit dans ſon ame, étant Moine, Prêtre, & enſuite Evêque.

Vous ſerez témoin qu'il conſerva juſqu'à la mort les ſentimens de zéle, de ferveur & d'humilité, dont il brûloit dans la retraite qu'il fit les derniers mois de l'année 386, & les premiers de l'année 387. C'eſt lui-même qui vient de nous dire qu'il ſe mit en chemin pour exécuter en Afrique ſon pieux deſſein.

Mais pour procéder avec ordre, & ne pas laiſſer derriere nous des pierres d'achopement, je ne puis vous diſſimuler que de pieux motifs en ſuſpendirent l'exécution, & l'appellérent à Rome : mais il vécut dans cette Capitale du monde Chrétien, comme il avoit vécu dans ſa retraite. Il y compoſa le Livre où il examine *les grandeurs de l'Ame*, & fait voir que ſa Patrie eſt le ſein de Dieu ; qui l'a tirée du néant pour la créer à ſon image : *les ſix Livres de la Muſique* qu'il perfectionna à Tagaſte : *les deux Livres des Mœurs de l'Egliſe & des Manichéens :* & ſon *premier Livre ſur le Libre-arbitre.*

S. Auguſtin n'arriva donc à Tagaſte que l'an 388. Il commença par vendre ſon Patrimoine, & en donner le prix aux Pauvres. Il y vivoit avec ſes Freres, non-ſeulement dans un dégagement parfait de tous ſoins terreſtres, mais dans une méditation continuelle de la Loi de Dieu. Rien n'eſt plus touchant que *le Livre du Maître* qu'il compoſa ſur les entretiens qu'il avoit avec Dieu-donné, qui à l'âge de ſeize ans étoit un génie

Libr. 9. Confeſſ. cap. 6.

prodigieux. Avec quelle force fait-il voir que
Matth. 23. nous n'avons qu'*un Maître, qui est Jesus-Christ*,
qui nous fait croire & pratiquer les vérités qu'il enseigne ? Son Livre *de la véritable Religion*, en démontre la certitude & l'évidence : il convainc qu'il n'y a que les passions qui peuvent en éloigner. On doit rendre justice à M. le François, qui a mis dans un bel ordre les preuves démonstratives qu'il a tirées des Ouvrages de S. Augustin.

L'AVOCAT.

Je ne trouve dans votre Examen critique, ni justesse, ni exactitude. S. Augustin ne parle point dans ses Confessions, du Voyage que vous lui prêtés à Rome, après la mort de sainte Monique sa mere : & S. Posside, dont vous vous autorisés, n'en dit pas un mot dans la vie de ce saint Docteur. Il est vrai qu'il nous le represente avec les Compagnons de sa retraite, comme des hommes dégagés de tous soins terrestres, qui tendent à la perfection Evangélique, qui pratiquent volontairement la pauvreté, la chasteté ; & qui regardent S. Augustin comme leur Docteur & leur Pere. Mais dit-il qu'ils ont fait des Vœux solemnels de pauvreté, de chasteté & d'obéissance ? S. Sirice occupoit alors le Siége de S. Pierre. Mettez-moi devant les yeux une Bulle de ce Pape qui approuve l'Ordre naissant de S. Augustin. En pouriez-vous même produire une de S. Anastase qui lui succéda ?

L'AUGUSTIN.

Je l'avois prévû, Monsieur, dès le commencement de nos entretiens, & je ne vous le déguisai point. Les Avocats abandonnent souvent le fonds d'une affaire, pour s'attacher à la forme. J'en appelle à votre candeur & à votre droiture ? Est-ce là chercher la vérité, de bonne-foi ? Vous m'attaquez tantôt sur la forme, tantôt sur le fonds, & quelquefois sur l'une & sur l'autre ; ce sont deux objets. Il faut vous satisfaire, cela ne sera pas difficile.

1°. Il est vrai que S. Augustin n'a pas fait mention dans les Livres de ses Confessions, de son Voyage à Rome, après la mort de sainte Monique sa mere : mais ce saint Docteur s'étoit-il proposé de nous y donner l'Histoire de sa Vie ? N'avoit-il pas en vûe de rendre gloire à Dieu & à sa grace, en publiant ses déréglemens, sa conversion & son baptême ? Il n'est donc point étonnant qu'il n'y parle point de son Voyage à Rome. Il avertit même qu'il passe sous silence beaucoup de choses, parce qu'il veut avancer. *Multa prætereo, quia multum festino.* Il se contente de prier le Seigneur de recevoir ses Confessions & ses Actions de graces, pour une multitude de bienfaits dont il l'avoit comblé. *Libr. 9. Confess. c. 8. n. 17.*

A l'égard de S. Posside, il ne nous a donné qu'un Abregé de la Vie de S. Augustin. Voudriez-vous qu'il eut fait une digression, pour parler d'un Voyage de sept ou huit mois ? Saint Augustin partit d'Ostie au mois de Novembre, & il arriva à Tagaste vers le milieu de l'année 388. Un Voyage si court pouvoit-il empêcher S. Posside de dire que S. Augustin étoit revenu à Tagaste, après avoir reçû le Baptême ?

Mais après avoir vû les Livres qu'il composa à Rome sur la fin de l'année 387, & au commencement de l'année 388 ; pouvez-vous douter qu'il n'ait fait ce Voyage ? C'est lui-même qui nous l'apprend.

Jam baptisatus autem, cum Romæ essem, nec ferre tacitus possem Manicheorum jactantiam.... *Libr. 1. retract. cap. 7.*

ſcripſi duos libros, unum demoribus Eccleſiæ Catholicæ, alterum demoribus Manichæorum.

Ibid. 8. *In eadem urbe ſcripſi dialogum in quo multa de anima quæruntur.*

Ibid. 9. *Cum adhuc Romæ demoraremur, voluimus diſputando quærere, &c.*

Hé bien, Monſieur ; n'avez-vous pas, par S. Auguſtin, des preuves ſolides de ſon Voyage à Rome, après la mort de ſainte Monique ? Pouvez-vous vous diſpenſer de reconnoître la juſteſſe & l'exactitude de notre Examen ?

2°. Quel eſt le caractere diſtinctif des Moines & des Religieux ? N'eſt-ce pas le renoncement aux ſoins terreſtres, l'abnégation d'eux-mêmes, la pauvreté, la chaſteté, l'obéiſſance, la priere, la méditation de la Loi de Dieu jour & nuit, l'étude ou le travail des mains ? C'eſt ſur ce principe inconteſtable, que tout le monde convient que S. Antoine a été Moine & l'Inſtituteur des Moines en Egypte. Il ſe conſacra à Dieu dès ſa jeuneſſe. Il a vécu cent cinq ans. Si on vous demandoit de produire une Bulle du Pape, qui approuva ſon Inſtitut, ne vous récririez-vous pas avec juſtice, que quoiqu'il ait vécu ſi long-tems, il n'a jamais penſé à l'obtenir ni à la demander ?

En effet, dans les premiers ſiécles on vivoit dans la ſimplicité. Les premiers Fondateurs des Ordres Religieux ſe croyoient ſuffiſamment autoriſés par les paroles de Jeſus-Chriſt : mais l'Egliſe s'étant répanduë ſus toute la Terre, la Foi s'eſt rallentie, & on a vû l'accompliſſement de l'Oracle que Dieu avoit prononcé par un de ſes Prophêtes : *Vous avez multiplié le Peuple, mais vous n'avez pas augmenté la joye.* Les Fidéles, attentifs à la fin de leur création, ont

Luc. 12. *Matth.* 19. *Iſaie* 9.

pris la fuite, & se sont retirés dans les Monasteres qui se sont multipliés. L'Eglise a eu donc raison d'exiger des Fondateurs des Ordres Religieux qu'ils lui en demandassent l'approbation.

Or, cette forme n'étoit point établie du tems de S. Augustin. Sa conduite étoit fondée sur les paroles de Jesus-Christ, & sur l'exemple des Moines d'Egypte, de Treves & de Milan, dont il avoit été vivement touché. Il vécut avec ses Freres dans son Monastere de Tagaste, & ensuite dans celui d'Hypone, *selon le modéle qui lui avoit été montré sur la Montagne sainte.* Exod. 35. S. Posside nous a fait la description de son genre de vie. Je n'ai été que le Copiste de ses expressions, dans le caractere constitutif des Moines, que je viens de tracer. S. Augustin leur donna une régle, dont l'amour de Dieu & du prochain est la base & le fondement : Il y étoit le plus soumis. Il veilloit sur le petit Troupeau que le Pere de famille lui avoit confié, par une charité désinteressée : ***Non en dominant sur l'héritage du Seigneur, mais en s'en rendant le modéle par la vertu qui naissoit de son cœur.*** 1. Petr. 5.

Les Religieux qui ont composé les deux premiers Monasteres qu'il dirigea, & ceux qui se sont ensuite répandus par toute l'Afrique, ont été regardés, par S. Augustin, par Valere, Evêque d'Hypone, par Aurele, Archevêque de Carthage, par S. Paulin, Evêque de Nole, par S. Posside, Evêque de Calame, & même par les Hérétiques, comme des Moines. Les Papes & les Sçavans de ces derniers siécles, en ont eu la même idée. Voudriez-vous, Monsieur, être seul qui en eut une opinion différente ?

L'AVOCAT.

Je ne suis pas seul, mon Révérend Pere;

je ſuis en bonne & nombreuſe compagnie. Les Hiſtoriens & les Panégiriſtes de S. Auguſtin, le regardent-ils comme Moine & l'Inſtituteur des Moines ? Il eſt vrai que vous citez des Auteurs contemporains, S. Auguſtin lui-même qui raconte ce qu'il a été. Vous ajoûtés les reproches que les Hérétiques lui ont faits d'avoir introduit en Afrique la vie Monaſtique. Je vous avoüe qu'en ce cas, je me ferai un devoir de ſuivre avec vous les régles de la critique, & que je n'héſiterai point à préférer les Auteurs contemporains, à la foule des Hiſtoriens, & des Prédicateurs de nos jours.

L'AUGUSTIN.

Il y a, Monſieur, dans S. Auguſtin tant de traits dignes des plus grands éloges, que les Hiſtoriens & les Prédicateurs ſe diſpenſent ordinairement des loüanges qu'il mérite, pour avoir embraſſé & établi la vie Monaſtique; mais vous trouverez plus d'exactitude dans les ſouverains Pontifes & dans les Sçavans, qui ont été attentifs à la lecture des Ouvrages de ce ſaint Docteur.

L'AVOCAT.

Vous me promettez beaucoup, mon Révérend Pere : je commence à vous donner ma confiance. Je vous prie donc de me faire voir :

1°. Par S. Auguſtin, qu'il a été Moine & l'Inſtituteur des Moines en Afrique.

2°. Par Aurele, Archevêque de Carthage & Primat de toute l'Afrique.

3°. Par les reproches que les Hérétiques lui en ont faits.

Nous verrons enſuite ce qu'en ont penſé les Souverains Pontifes & les Sçavans, que vous prétendez avoir reconnu le Monachiſme de ſaint

Augustin. Mais il faudra, s'il vous plaît, que nous partagions ces sortes de discussions en différentes conférences, qui ne m'empêchent pas de vaquer à mes affaires.

L'AUGUSTIN.

Vous pouvez choisir dans un jour de la semaine l'heure de votre commodité. Vous trouverez dans S. Augustin un cœur ouvert & toujours disposé à vous y recevoir, & à vous donner les éclaircissemens que vous pouvez souhaiter.

TROISIE'ME ENTRETIEN.

On prouve par saint Augustin qu'il a été Moine, & l'Instituteur des Moines en Afrique.

L'AVOCAT.

Avez-vous pensé, mon Révérend Pere, à la parole que vous m'avez donnée ?

L'AUGUSTIN.

En pouvez-vous douter, Monsieur ? Vous trouvez S. Augustin ouvert, lisez.

L'AVOCAT.

Sermon 355. *de la Vie & Mœurs de ses Clercs.* Y pensez-vous, mon Révérend Pere ? Est-ce là l'objet de nos entretiens ? Une pareille plaisanterie convient-elle à l'égard d'un homme de mon caractere ? Je quitte mes affaires, & vous voulez m'amuser ?

L'AUGUSTIN.

Vous serez, Monsieur, aussi content d'un seul article de ce Sermon, que vous avez été irrité de son Titre. Je vais en faire la lecture, *Num.* 2.

afin de rétablir promptement la paix & la joye dans le ciel de votre ame.

» Moi-même que vous voyez, par la misé-
» ricorde de Dieu, votre Evêque ; je vins jeune
» dans cette Ville, comme plusieurs d'entre-
» vous en ont connoissance. . . . J'avois re-
» noncé à toute espérance dans le siécle ; &
» ce que je pouvois être, je n'ai point voulu
» l'être, & je n'ai point cherché à être ce que je
Psalm. 83. » suis. *J'avois choisi d'être plûtôt des derniers*
» *dans la Maison du Seigneur, que d'habiter dans*
» *les Tentes des Pécheurs.* Je m'étois séparé de
» ceux qui aiment le siécle, & je ne m'égalois
» point à ceux qui président aux Fidéles. Je
» n'avois point choisi la place la plus élevée
» dans le festin du Seigneur, je me contentois
» de la derniere ; mais il lui a plû de me dire,
Luc. 14. » *montez plus haut* : car je craignois tellement
» l'Episcopat, que, sçachant l'idée qu'on avoit
» de moi, je ne me trouvois jamais dans une
» Ville où il n'y avoit point d'Evêque ; j'y fai-
» sois attention, & je préférois mon salut,
» dans un état humble, à un autre plus élevé
» à cause du danger. Mais le serviteur, com-
» me je l'ai dit, ne doit point s'opposer à la
» volonté de son Maître. Je venois dans cette
» Ville pour voir un ami que j'espérois gagner
» à Dieu, en l'attirant dans notre Monastere.
» Je ne croyois pas qu'il y eut ici à craindre,
» parce qu'il y avoit un Evêque. On m'arrêta
» néanmoins, & on me fit Prêtre. . . . Je vins
» dans cette Eglise avec mes habits ordinaires,
» & je n'y apportai rien. . . . Mais Valere
» ayant appris le dessein & la volonté que
» j'avois de demeurer dans un Monastere, avec
» mes Freres, il me donna le Jardin où est

» à present un Monastere. J'y assemblai mes
» Freres, mes égaux, qui n'avoient rien comme
» moi, qui suivoient mon exemple, en vendant
» leur Patrimoine, & en donnoient le prix aux
» Pauvres, afin que nous vécussions tous en
» commun, & que Dieu même fut nôtre hé-
» ritage très-grand & très-abondant. Je suis
» ensuite parvenu à l'Episcopat. J'ai compris
» qu'un Evêque doit exercer l'hospitalité en-
» vers ceux qui viennent & qui passent ; que
» ce seroit, pour un Evêque, une inhumanité
» d'y manquer ; mais que ce seroit une indé-
» cence, si on introduisoit cette coûtume dans
» un Monastere. J'ai donc cru devoir établir,
» dans ma Maison Episcopale, un Monastere
» de Clercs. *Ego quem deo propitio videtis Epis-*
» *copum vestrum.*

Auriez-vous pû souhaiter, Monsieur, que S. Augustin vous eut déclaré plus clairement qu'il a été Moine & l'Instituteur des Moines ? Vous laisse-t-il à present la liberté de conserver le moindre doute ? N'est-il pas évident ;

1°. Qu'il confirme & donne une nouvelle autorité à tout ce que S. Posside nous a dit dans l'Abregé de sa Vie ; qu'il renonça de toute la plénitude de son cœur, à toute esperance dans le siécle ; qu'il ne voulut ni femme, ni enfans, ni richesses, ni honneurs ; qu'il se fixa, avec ses Amis, à servir Dieu, & à être en lui de ce petit Troupeau à qui il a dit, *allez, vendez ce que vous avez*, &c. qu'il passa environ trois ans avec eux dans son Monastere de Tagaste ; & qu'après son Ordination, ses Moines vécurent encore dans son Monastere d'Hypone avec lui, quoique Prêtre & ensuite Evêque, comme avec leur Frere ; & sous lui, comme leur Supérieur & leur Instituteur : *Matth.* 19.

2°. Qu'il avoit établi, à ſon retour d'Italie, un Monaſtere à Tagaſte ; & qu'il n'étoit venu à Hypone, que pour voir un Ami qu'il eſpéroit de gagner à Dieu, en l'attirant dans ce Monaſtere, *ut eſſet nobis cum in Monaſterio* ?

3°. Que Valere ayant appris, après l'Ordination d'Auguſtin, qu'il ne vouloit point changer ſon genre de vie, & qu'il perſéveroit dans le deſſein de vivre à Hypone avec ſes Moines, lui donna un Jardin près de l'Egliſe, où il fit bâtir un Monaſtere, qu'il ne quitta qu'après la mort de Valere ?

4°. Que l'obligation d'exercer l'hoſpitalité lui paroiſſant peu convenable dans un Monaſtere de Moines, il établit dans ſa Maiſon Epiſcopale, après la mort de Valere, un Monaſtere de Clercs, avec leſquels il vécut en commun comme avec ſes Moines ?

5°. Qu'il nous déſigne clairement en quatorze
L'an 388. ans trois Monaſteres ; le premier, à Tagaſte
L'an 391. où il vouloit attirer un Ami ; le ſecond, à Hypone, dans le Jardin près de l'Egliſe, composé de Moines comme le premier, & avec leſquels il ne crut pas pouvoir décemment exer-
L'an 402. cer l'hoſpitalité ; le troiſiéme, composé de Clercs, qu'il établit dans ſa Maiſon Epiſcopale, après la mort de Valere ?

L'AVOCAT.

Le Titre apposé à ce Sermon par les ſçavans Peres Bénédictins, me laiſſe encore quelques doutes ſur l'exactitude des concluſions que vous en tirez. Ce qui les fortifie, c'eſt que vous avez paſſé une phraſe qui me paroit intereſſante. *Je cherchois un endroit pour y bâtir un Monaſtere, & y vivre avec mes Freres.* On ne cherche point ce qu'on poſſéde. S. Auguſtin cherchoit un endroit

endroit pour y bâtir un Monastere : donc il n'en avoit pas avant que Valere lui eut donné le Jardin où il en fit bâtir un, qui pouvoit être celui des Clercs : ce qui s'accorde parfaitement avec le Titre de ce Sermon.

L'AUGUSTIN.

Il ne faut, Monsieur, pour résoudre votre difficulté, que rappeller dans votre mémoire la remarque que nous avons faite; que saint Augustin ayant été fait Prêtre, au commencement du mois de Janvier 391, il se retira aussitôt dans son Monastere de Tagaste, & y resta jusqu'à Pâques, pour se disposer aux fonctions du saint Ministere. La Lettre qu'il écrivit dans ce tems-là à Valere, qui le sollicitoit à se rendre incessamment à Hypone, en est une preuve convaincante & sans replique. Les sçavans Peres Bénédictins la date de la même année & avec raison.

S. Augustin prie Valere d'observer que rien n'est plus aisé, plus gracieux & plus flatteur, que de remplir les fonctions d'Evêque, de Prêtre ou de Diacre, si on s'en acquitte superficiellement & pour plaire aux hommes; mais que rien n'est plus misérable & plus digne de condamnation aux yeux de Dieu : que rien en cette vie n'est plus difficile & plus dangereux que de faire les fonctions d'Evêque, de Prêtre ou de Diacre; mais que rien n'est plus avantageux devant Dieu, si on s'en acquitte comme Jesus-Christ Notre Empereur le commande. Il prie donc Valere de lui donner du tems pour se disposer au Ministere redoutable auquel il n'avoit pas pensé dans sa jeunesse, ni dans son adolescence. Il craint que Dieu ne l'y ait appellé dans sa

Epist. 21. ad Valer.

colere & pour sa condamnation ; que c'est ce qui lui fit répandre tant de larmes le jour de son Ordination. » Voulez-vous donc, lui dit-il, » que je périsse ? Que répondrai-je à mon Dieu, » quand il viendra pour me juger ? Où est votre » charité ? M'aimez-vous ? Aimez-vous l'Eglise » pour laquelle vous voulez que je travaille ? » Oüi, je suis assuré que vous m'aimez, & » que vous aimez l'Eglise. Mais vous me croyez » propre à la servir ; je me connois mieux que » vous ne me connoissez, & peut-être ne me » connoîtrois-je pas, si je ne l'avois appris par » expérience.

Votre Sainteté dira peut-être : Je voudrois sçavoir ce qui manque à votre Instruction. Il y a tant de choses qui me manquent, qu'il me seroit plus aisé de compter ce que j'ai, que ce que je desire d'avoir. J'ose dire que je sçais, & que je conserve, avec une foi entiere, ce qui concerne mon salut & celui de mes Freres. Mais j'ignore ce qui convient à un Ministre, pour administrer avec fruit les Sacremens aux Fidéles, & leur dispenser la parole de Dieu. Il supplie donc Valere de le laisser dans son Monastere jusqu'à Pâques, pour prier & gémir devant Dieu, & pour s'instruire de toutes ses obligations. Il se sert enfin, avec tant d'onction, d'une comparaison sensible & frappante, que Valere ne pût lui refuser le délai qu'il demandoit avec tant d'instance.

Or, ce saint Vieillard apprit pendant cet intervalle, qu'Augustin ne vouloit pas changer son genre de vie, & qu'il persévéroit à vouloir vivre dans un Monastere avec ses Freres. C'est pourquoi il lui donna, de concert avec Aurele, un Jardin près de l'Eglise, où il fit bâtir un Monastere. On en trouve une nouvelle preuve dans sa Lettre à Aurele. » On craint trop, dit-il, » mon absence à Hypone, & on n'ajoûte point » foi à ma parole «. Il le remercie d'un Champ qu'il avoit donné à ses Freres de Tagaste ou d'Hypone. Comme on y craignoit que l'amour de la solitude ne l'emporta, ou qu'il ne fut sacré Evêque dans une autre Ville, Valere, avec l'agrément d'Aurele, le fit consacrer Evêque d'Hypone, contre la disposition des Canons du Concile de Nice, dont S. Augustin n'étoit pas alors instruit.

Epist. 21. ad Aurel. num. 9.

Canon. 8. in fi..e.

Il est donc vrai, Monsieur, qu'on ne cherche point ce qu'on posséde. Augustin avoit un Monastere à Tagaste, il n'en cherchoit point d'autre. C'étoit pour y attirer un Ami qu'il étoit venu à Hypone : mais quand on lui eût fait violence pour le faire Prêtre dans cette Ville, où il devoit faire sa résidence, il chercha un endroit pour y bâtir un Monastere, afin d'y vivre en commun avec ses Moines, comme il avoit vécu à Tagaste.

Vous voyez donc que ce n'étoit que pour abreger, que j'avois passé une phrase qui n'est d'aucune importance, & que les termes que vous m'objectez, s'accordent non-seulement avec notre Monastere de Tagaste, mais qu'elle le supose avec l'institut & la vie Monastique de S. Augustin. *Cognito instituto, & voluntate meâ, beatæ memoriæ senex Valerius dedit mihi hortum illum, in quo nunc est Monasterium.* Ce Monastere de Moines subsista donc toujours avec le Monastere de Clercs, que S. Augustin établit dans sa Maison Episcopale, après la mort de Valere.

Ce sont des vérités claires & évidentes, attes-

Libr. 2. c. 11. Libr. 3. c. 2. Libr. 4. c. 2. Libr. 5. c. 1. Prolog. Reg. Regul. c. 3.

tées & prouvées par les sçavans Peres Bénédictins. De huit Livres qu'ils ont donnés au Public, sur la vie de S. Augustin, il y en a quatre où ils ne se contentent pas de démontrer & de faire voir clairement que S. Augustin a été Moine & l'Instituteur des Moines ; mais ils conviennent, & ils se font honneur de dire, que *saint Benoît le regardoit comme son Maître, & qu'il le proposoit à ses Disciples, comme leur Pere.*

Epist. 25. Epist. 24.

S. Paulin, dans ses Lettres à S. Augustin & à S. Alipe, salue les Moines qui étoient avec eux dans nos Monasteres de Tagaste & d'Hypone.

Il est d'ailleurs constaté, par le témoignage de S. Posside, que S. Augustin passa environ trois ans dans notre Monastere de Tagaste, avec ses amis *serviteurs de Dieu*, comme lui. Et il ajoûte que ses Moines, sous la conduite d'un tel Maître, firent tant de progrès, qu'on commença à en tirer des Clercs pour l'Eglise d'Hypone, qu'on les demanda même pour les faire Evêques dans les Eglises les plus célébres. S. Posside, qui ne vouloit pas se compter, dit qu'il en connoit presque dix, qui, à l'exemple de leur Pere, établirent des Monasteres dans leurs Diocèses, & fournirent à l'Eglise d'Afrique des Clercs, des Prêtres & des Evêques, qui en furent l'édification. *Proficiente vero doctrinâ divinâ, cum sancto & sub sancto Augustino in Monasterio Deo servientes Ecclesiæ Hyponensi Clerici ordinari cœperunt. Ac deinde innotescente & clarescente de Die in diem Ecclesiæ Catholicæ prædicationis veritate, sanctorumque* servorum Dei *proposito, continentiâ & paupertate profundâ, ex Monasterio, quod per illum memorabilem virum & esse & crescere cœperat, magno desiderio poscere atque accipere Episcopos & Clericos pax*

Vita S. Aug. cap. 11.

Ecclesiæ atque unitas & cœpit primo & postea consecuta est. Nam ferme decem quos ipse novi, sanctos ac venerabiles viros, continentes & doctissimos beatissimus Augustinus diversis Ecclesiis, non nullis quoque Eminentioribus rogatus dedit. Similiter & ipsi ex illorum sanctorum proposito venientes, Domini Ecclesiis propagatis, & Monasteria instituerunt, & studio crescente ædificationis verbi Dei, cœteris Ecclesiis Promotos Fratres ad suscipiendum sacerdotium præstiterunt.

Il n'est donc plus permis de douter que saint Augustin n'ait été Moine & l'Instituteur des Moines : c'est lui-même qui vous l'annonce : c'est S. Posside qui vous fait part des avantages que ses Moines ont procuré dans toute l'Afrique. Il est aisé de juger qu'il détacha plusieurs de ses Religieux de Tagaste pour former son Monastere d'Hypone ; & qu'il n'eut pas de peine, après la mort de Valere, à établir dans sa Maison Episcopale un Monastere de Clercs, puisqu'il les tiroit de son Monastere de Moines ; & qu'il fut toujours attentif à choisir *ceux qui avoient fait de plus grands progrès dans la pieté & dans la science des Saints.* *Epist. 60. ad Aurel.*

L'AVOCAT.

Je comprends maintenant que sainte Monique, saint Augustin & saint Posside désignent les Moines par le terme de *serviteurs de Dieu* ; que S. Augustin n'élevoit pas seulement ses Moines dans la pratique des vertus Religieuses, mais encore dans l'intelligence des sciences Divines ; qu'ils y firent tant de progrès sous un tel Maître, qu'il les fit d'abord Clercs de l'Eglise d'Hypone, & qu'ensuite on les lui demanda pour être Evêques, même des Eglises les plus célébres. On ne peut se refuser à des verités si clairement établies par des Saints contemporains, dont on ne peut soupçonner les lumieres & la droiture. L'hommage que leur rendent les sçavans Peres Bénédictins n'est point suspect.

Ce qui m'enleve & m'édifie encore plus, c'est que les Moines de S. Augustin ayant été faits Evêques, suivent encore l'exemple de leur Pere, & établissent, comme lui, des Monasteres dans leurs Diocèses, pour être en état de fournir à l'Eglise d'Afrique, des Clercs, des Prêtres & des Evêques. Ces preuves sont sensibles & demonstratives. Nous pourions dès aujourd'hui rompre nos conférences; mais j'aime S. Augustin, je l'honore & le respecte singuliérement. Je veux aller jusqu'au bout. Avez-vous encore quelques preuves de ce saint Docteur ? Je les écouterai avec plaisir.

L'AUGUSTIN.

Vous n'en manquerez point, je vous en fournirai tant que vous le jugerez à propos. Les Livres de S. Augustin en sont remplis. Vous allez en voir une singuliére dans le Comte Boniface. Il vouloit se retirer dans un Monastere de saint Augustin. Il l'en empêcha. Il crut, avec S. Alipe, qu'il seroit plus utile à l'Eglise en la défendant des incursions des Barbares, qu'en professant la vie Monastique. Mais ce Comte ne fut point fidéle à répondre aux graces que Dieu lui accordoit. Son infidélité fut la source de ses maux, & des malheurs qui tombérent sur toute l'Afrique. Voici la maniere charitable avec laquelle S. Augustin lui écrivoit au commencement de ses désordres.

Epist. 220. ad Bonifac. Comitem. Ecoutez-moi, ou plûtôt écoutez le Seigneur notre Dieu qui vous parle par le ministere de ma foiblesse. Souvenez-vous des dispositions où vous étiez pendant la vie & après la mort de votre premiere Epouse ; de l'horreur que vous aviez pour les vanités du siécle & de l'empressement que vous marquiez de joüir d'un saint repos, & de vivre de la vie que menent les Moines serviteurs de Dieu. *Te in otium sanctum conferre, atque in ea vita vivere, in qua servi Dei Monachi vivunt.* Nous le sçavons, nous en sommes les témoins. Mon frere Alipe & moi nous souvenons parfaitement des sentimens où vous étiez. Vos occupations terrestres n'ont pû vous les faire oublier entiérement. Qui vous a empêché de le faire, sinon les remontrances que nous vous fîmes, qu'ayant une vûe droite & pure de défendre l'Eglise des incursions des Barbares, & de lui procurer *une vie tranquille & paisible en toute sorte de pieté & d'honnêteté*; vous seriez plus utile à l'Eglise qu'étant Moine sur-tout ne désirant rien en ce monde, que ce qui étoit nécessaire, pour soutenir votre vie & celle de vos Domestiques ; ceint du baudrier d'une très-chaste continence, & au milieu des armes corporelles, muni plus fortement & plus sûrement des armes spirituelles ? *1. Thimot. 2.*

Lors donc que nous nous réjoüissions de vous voir dans ces dispositions, vous avez navigué, & vous vous êtes remarié. La navigation étoit d'obéïssance, vous la deviez *aux Puissances superieures* ; mais vous ne vous seriez pas remarié, si après avoir abandonné la continence, vous ne vous étiez pas laissé vaincre par la concupiscence. Considérez ce que je ne veux pas vous dire, & vous trouverez de combien de péchés vous devez faire pénitence. Je prie donc Dieu de vous pardonner, & de vous délivrer de tous dangers, afin que vous en fassiez *Rom. 13.*

une convenable, & que vous réfléchissiez sur ce
Eccles. 5. qui est écrit : *Ne differez point à vous convertir au Seigneur, & ne remettez point de jour en jour.*

L'AVOCAT.

On ne peut douter que le Comte Boniface n'eut dessein de renoncer à ses dignités & d'embrasser la vie Monastique. Plût à Dieu qu'il l'eut fait ! Mais S. Augustin ne dit pas que c'étoit dans un de ses Monasteres qu'il vouloit se retirer.

L'AUGUSTIN.

Il n'y avoit alors en Afrique d'autres Monasteres que ceux que S. Augustin avoit établis par lui-même, ou par le ministere de ses Enfans. Le Comte Boniface ne pouvoit donc se réfugier que dans un Monastere de notre saint Docteur. La confiance qu'il avoit en lui & en S. Alipe, vous permet-elle de douter que ce ne fut, ou dans notre Monastere d'Hypone, ou dans celui de Tagaste, (dont ils étoient les Supérieurs) qu'*il vouloit trouver un saint repos, & vivre de la vie que menent les Moines serviteurs de* Dieu ?

L'AVOCAT.

Vos preuves sont très-efficaces ; car vous démontrez en même-tems le Monachisme de saint Augustin, son zéle pour la gloire de Dieu & de son Eglise, sa charité pour le prochain, & son désintereſsement qui le porta à ne pas recevoir, dans son Monastere, un homme très-distingué, qui l'auroit rendu plus brillant aux yeux des hommes. Avez-vous encore quelques preuves sous la main ? Car je ne me lasse point d'entendre parler un Saint, qui ne s'est jamais fatigué d'aimer Dieu, & de nous en avoir laissé tant de preuves pendant quarante-quatre ans.

L'AUGUSTIN.

Epist. 77. Il s'en presente ici une multitude : mais souffrez que j'en passe ici quelques-unes sous silence. Vous allez en voir deux qui ne vous surprendront guéres moins, & vous feront connoître que si le nombre des Enfans de saint Augustin a été sa joye & sa couronne, il y en a eu quelques-uns qui lui ont causé des chagrins bien amers. *Epist. 78. Epist. 85. Epist. 209. Philip. 4.*

La premiere est de Quintien, qui, après lui avoir fait une priere incivile, se donne encore la liberté de lui faire une remontrance indécente & mal fondée. S. Augustin lui répond simplement. *Epist. 64. ad Quint.*

1°. Que son arrivée à Hypone ne lui sera point à charge ; mais qu'il ne pouroit communiquer avec lui, en presence d'Aurele, qui n'y communique point.

2°. Qu'il est étonné de sa prudence à l'avertir de ne pas recevoir dans son Monastere ceux qui sortent du sien, afin d'observer ce qui a été décerné par le Concile. Lisez ce Concile, lui dit S. Augustin, qui en cite plusieurs, & vous trouverez qu'il est défendu de recevoir des Clercs, & non pas des Laïcs, de quelque endroit qu'ils viennent : non pas qu'il fasse mention des Monasteres ; il est seulement défendu de recevoir des Clercs étrangers ; & on a ordonné dans le dernier Concile, que ceux qui quiteront un Monastere, ou en auront été chassés, ne pouront être Clercs ailleurs, ou Supérieurs de Monasteres. *Carthag. 13 Sept. 401.*

La seconde est tirée d'un Moine apostat, beaucoup plus à plaindre que Quintien. Il y avoit, dit S. Augustin, dans notre Monastere un certain homme qui répondoit à nos Freres, qui lui representoient, qu'il faisoit ce qu'il ne devoit pas faire, & qu'il ne faisoit pas ce qu'il devoit faire : *Quelque je sois maintenant, je suis tel que* Dieu *a prévû que je serai un jour.* Il disoit vrai ; mais *Libr. de Don. Perse- ver. c. 15. n. 38.*

c... n'avançoit pas dans le bien. Il déclina au contraire tellement dans le mal, qu'ayant abandonné le Monastere, il devint *un chien qui re-*
Proverb. 26. *tourna à ce qu'il avoit vomi.* Cependant il est
2. Petr. 2. encore incertain ce qu'il sera un jour.

L'AVOCAT.

Je suis fort aise de trouver par tout le Monachisme de S. Augustin ; mais je ne suis pas moins sensible à ses peines, ni moins édifié de la modestie de ses réponses. Je ne puis assez admirer sa sagesse & sa charité. *Il est encore incertain ce qu'il sera un jour.* De combien de jugemens téméraires cet Oracle de votre saint Docteur doit-il nous préserver ?

L'AUGUSTIN.

Voici un trait capable de donner un nouvel accroissement à l'idée que vous avez de la sa-
Epist. 48. gesse & de la charité de S. Augustin. Nous vous
n. 2. exhortons, mes Freres, à garder votre état, & à y persévérer jusqu'à la fin. Mais si l'Eglise, nôtre Mere, desire votre ministere, ne vous y prêtez pas par un élévement avide ; mais ne vous refusez pas par l'amour d'un repos flatteur. Obéissez à Dieu avec un cœur paisible, portant en paix le joug de celui qui vous conduit, qui
Psalm. 24. dirige ceux qui sont soumis, & qui *enseigne ses voyes à ceux qui sont doux.* Ne préférez donc point votre repos aux besoins de l'Eglise. Si personne ne l'aidoit dans l'enfantement de ses Bienaimés, comment renaîtroient-ils ? Comme il faut donc tenir la voye entre le feu & l'eau, pour n'être ni brûlé, ni submergé, il faut de même tempérer notre voye entre l'élévation de l'orgueil & la foiblesse de la timidité, sans nous
Deuter. 17. *détourner à droite ou à gauche.*

Ne vous paroît-il pas, Monsieur, que saint

Augustin a donné aux Moines tous les avis nécessaires, en quelques circonstances qu'ils puissent se rencontrer ? Ne remarquez-vous pas qu'on le consultoit de tous côtés, & qu'on le regardoit comme le Patriarche de tous les Moines ?

L'AVOCAT.

S. Augustin parle toujours en homme inspiré de Dieu. Il n'est point étonnant qu'il ait été l'Oracle des Moines, puisqu'il est encore l'Oracle de toute l'Eglise. Ce n'est plus que par curiosité que je vous prie de disposer vos preuves par Aurele, Primat d'Afrique, pour notre prochaine conférence.

L'AUGUSTIN.

Je sçai, Monsieur, que vous avez des affaires qui vous appellent ; mais faites attention, s'il vous plaît, que nous n'avons pas encore vû la plûpart des preuves, où S. Augustin déclare ingénuëment son Monachisme. Ayez dumoins la complaisance d'entendre celle-ci qui est décisive. Moi qui écrit ces choses, j'ai ardemment aimé & embrassé, non pas par mes propres forces, mais par la grace du Seigneur, la perfection dont il parle ; quand il dit au jeune homme : *Allez, vendez ce que vous avez, & le donnez aux Pauvres, puis venez & me suivez.* Car quoique je ne fusse pas riche, le Seigneur n'aura pas moins d'égard à ma bonne volonté. Les Apôtres, qui nous ont donné l'exemple, ne l'étoient pas. Celui qui renonce à ce qu'il a, & à tout ce qu'il pouvoit avoir, renonce à tous les biens du monde. Or, je connois mieux qu'un autre le progrès que j'ai fait ; mais Dieu le connoit mieux que moi. J'exhorte de toutes mes forces les autres à ce genre de vie, & j'y ai, au nom du Seigneur, des compagnons, à qui il a persuadé

Epist. 157. ad Hilar. n. 39.

Matth. 19.

de l'embrasser par mon ministere. *Ego qui hac scribo, perfectionem, &c.*

Ce seul texte de S. Augustin ne suffiroit-il pas pour convaincre l'homme du monde le plus opiniâtre, que S. Augustin a été Moine & l'Instituteur des Moines ? Parmi les Instituteurs des Ordres Religieux, en trouverez-vous un qui ait marqué plus de zéle pour l'état Monastique ?

L'AVOCAT.

Je suis particuliérement, pour ce texte, fort éloigné de vos idées. Ce sont vos régles de critique qui m'y conduisent. Il y avoit vingt ans que S. Augustin étoit Evêque, lorsqu'il écrivoit
L'an 415. à S. Hilaire ; & il y en avoit treize qu'il vivoit en commun dans sa Maison Episcopale avec ses Clercs, qui avoient embrassé, comme ses Moines, la perfection Evangélique. Ainsi les paroles de ce saint Docteur peuvent être relatives à ses Clercs, comme à ses Moines.

L'AUGUSTIN.

Ne voyez-vous pas, Monsieur, que quand S. Augustin dit qu'il a *ardemment aimé & embrassé, non pas par ses propres forces, mais par la grace du Seigneur, la perfection Evangélique* ; il parle du tems où il étoit encore Laïc ? Ne vous souvenez-vous pas qu'il vendit son Patrimoine en arrivant à Tagaste ; & qu'il n'apporta à Hypone que ses habits ? Sa façon de parler à soixante un an est donc toujours spécifique, pour désigner les commencemens de sa vie Monastique.

C'est lui-même qui va confirmer & autoriser
Epist. 126. n. 7. ma réponse. *Si on m'a aimé à Hypone, parce qu'on y avoit appris qu'ayant vendu & méprisé mon petit Patrimoine, je m'étois consacré à la servitude du Seigneur ; on n'y a pas porté envie*

à l'Eglise de Tagaste qui est ma Patrie. Comme on ne m'y avoit pas mis au nombre des Clercs, on me fit, sitôt qu'on le pût, violence à Hypone pour me faire Prêtre. Nam si in me dilexerunt, &c.

L'AVOCAT.

Je ne puis vous répondre, parce que je suis pressé.

QUATRIE'ME ENTRETIEN.

On prouve par Aurele, Primat d'Afrique, que S. Augustin a été Moine & l'Instituteur des Moines.

L'AVOCAT.

Vous avez, mon Révérend Pere, triomphé dans notre dernier Entretien. Me fournirez-vous des preuves aussi convaincantes dans celui-ci?

L'AUGUSTIN.

J'ose m'en flatter, Monsieur; Aurele avoit de S. Augustin & de ses Monasteres une si haute idée, qu'il voulut en avoir un à Carthage formé de sa main, tandis qu'il n'étoit encore que Prêtre *L'an 394.*
& dans son Monastere de Moines à Hypone. Mais ce saint Docteur participa dans la multiplication de ses Monasteres à la douleur de l'Eglise dans la multitude de ses Enfans. Dieu mul- *Isaie 9.*
tiplia ses Moines; mais il n'augmenta point sa joye. Il s'éleva parmi eux des disputes & des contentions. Les uns portoient des cheveux longs, & les autres ne vouloient pas travailler des mains, & prétendoient s'autoriser des paroles de Jesus-Christ : *Les oiseaux du ciel ne sement* *Matth. 6.*
& ne moissonnent point, & ils n'amassent rien dans les greniers ; mais votre Pere celeste les nourrit. N'êtes-vous pas beaucoup plus qu'eux?

Aurele écrivit à S. Augustin pour rétablir la paix parmi ses Enfans. Ce fut donc à leur occasion qu'il composa son Livre *du travail des Moines.*

L'AVOCAT.

Est-il certain, 1°. que c'est à la priere d'Aurele que S. Augustin composa ce Livre ? 2°. Que ces Moines étoient Augustins ?

L'AUGUSTIN.

Libr. 2. retract. cap. 21. *Libr. de opere Monach. cap. 1.*

C'est S. Augustin qui va lui-même vous en donner la preuve. Les Monasteres ayant commencé à s'établir à Carthage, la nécessité m'obligea d'écrire le Livre *du travail des Moines*.... Le vénérable vieillard Aurele me pria d'écrire à ce sujet, & je le fis. Ce Livre commence ainsi : » Il a fallu, mon saint Frere Aurele, que j'obéisse à vos ordres ; avec d'autant plus de zéle » & d'affection, qu'il m'a paru que notre Seigneur Jesus-Christ se servoit de votre ministere pour me donner les siens «. Il est donc certain que c'est à la priere d'Aurele que S. Augustin composa ce Livre.

L'AVOCAT.

S. Augustin ne dit pas qu'il étoit l'Instituteur de ces Moines.

L'AUGUSTIN.

Eut-il été convenable que le Primat de toute l'Afrique se fut adressé à S. Augustin, pour rétablir la paix parmi des Moines, dont il n'eut point été l'Instituteur ? M. l'Archevêque de Lyon auroit-il recours à M. l'Evêque d'Angers, pour concilier des Moines, à l'établissement desquels il n'auroit eu aucune part ? Mais comme vous n'êtes pas homme à vous contenter de preuves de convenances, il faut vous en donner de solides & tirées de S. Augustin. Pourquoi ce saint Docteur dit-il que *la nécessité l'obligea d'écrire le*

Livre du travail des Moines ? Pourquoi reconnoit-il que c'est Jesus-Christ qui lui *donne ses ordres par le ministere d'Aurele* ? Si ces Moines, qui étoient éloignés de lui de quatre-vingt-quatre lieuës, lui eussent été étrangers, comment eut-il reconnu la voix de Jesus-Christ dans celle d'Aurele ? Ne marque-t-il pas, par toutes ces expressions, que ces Moines étoient ses Enfans, & qu'il avoit été de concert & à la priere d'Aurele leur Instituteur ?

Si ces preuves ne vous paroissent pas convaincantes, il faut y en ajoûter de positives qui fortifient les précédentes. Les voici : C'est que S. Augustin les appelle ses Enfans & ses Freres. *Utrum Filiis & Fratribus nostris Monachis.* Ce n'est point en passant qu'il se sert de ces expressions, il les répete plusieurs fois & avec fondement. *Eos ipsos alloqui Filios & Fratres nostros.* Il ne les appelle pas seulement ses Enfans, il déclare qu'il les enfante encore, & il louë le Seigneur de ce qu'Aurele les enfante avec lui & avec la même dilection. *Novi quantâ nobiscum dilectione parturias.* On ne peut donc pas douter que S. Augustin ne fut, à la priere d'Aurele & de concert avec ce Prélat, leur Instituteur & leur Pere.

Cap. 1.

Cap. 28. *n.* 35.

Ce n'est donc pas sans fondement que notre saint Docteur disoit que *la nécessité l'avoit obligé d'écrire le Livre du travail des Moines*, & qu'il reconnoissoit que Jesus-Christ lui *donnoit ses ordres par le ministere d'Aurele*, & qu'il entendoit dans sa voix la voix de Jesus-Christ. Il n'est donc point surprenant que le Primat de toute l'Afrique s'adressa à S. Augustin pour rétablir la paix parmi ces Moines, quoique très-éloignés de lui. Ce saint Docteur y étoit obligé indispensablement, pour plusieurs raisons.

1°. Parce que dans la régle qu'il donna à ses Moines de Tagaste, & qui fut transmise à ses autres Monasteres, il ne prescrit point le travail des mains. En effet, son premier Monastere ne fut composé que de gens de Lettre. Il n'y en avoit aucun de ceux qu'il appelle *Laïcos inferioris propositi.*

Libr. 1. retract. cap. 21.

2°. Parce que la charité presque immense de ce saint Docteur, vouloit que dans ses Monasteres on reçût tous ceux qui se présentoient; nobles, riches, pauvres, artisans, & même de la lie du peuple. C'est ce qui donna occasion aux disputes qui s'élevérent dans notre Monastere de Carthage. Sa charité, toute compatissante qu'elle étoit, ne l'empêcha pas de dire, en termes clairs, que quelques-uns, qui menoient dans le siécle une vie pauvre & laborieuse, prétendoient, sans rien faire, être nourris, habillés, & même honorés par ceux qui, *dans le monde, les auroient méprisés & foulés aux pieds.* Ces Moines ne se sont pas retirés dans *le Monastere pour y servir Dieu.*

Libr. de opere Monach. c. 22. n. 25.

Il n'y a, à la vérité, continuë notre saint Docteur, qu'une république de tous les Chrétiens. Mais si ceux qui vivoient dans le monde du travail de leurs mains ne veulent rien faire dans le Monastere, ils ne doivent point manger. On n'humilie point, pour la pieté, les riches dans la milice Chrétienne, afin que les pauvres s'élevent d'orgueïl. Il n'est pas convenable que dans la vie Monastique les Sénateurs deviennent humbles & laborieux, & les Artisans superbes & paresseux; ni que ceux qui ont renoncé aux délices du siécle & aux terres dont ils étoient les Seigneurs, se mortifient par le jeûne & la pénitence, & que les Pauvres vivent dans la délicatesse & la sensualité.

Ibid. c. 28. n. 36.

Enfin,

Enfin, après leur avoir montré l'abus qu'ils faisoient des paroles de Jesus-Christ, & leur avoir démontré par l'Ecriture sainte qu'ils devoïent travailler des mains ; il conclut son Ouvrage, en disant qu'il ne les reprend point : mais qu'il les prie & les supplie, par l'humanité & la divinité de Jesus-Christ, & par la charité du Saint-Esprit, de ne plus scandaliser les foibles pour qui Jesus-Christ est mort, & de ne point augmenter son chagrin & sa douleur. . . . Que si après cet avertissement, ou plûtôt après ses prieres, ils persévérent dans le mal, il ne fera autre chose que de pleurer & de gémir devant Dieu. Que s'ils sont *serviteurs de Dieu*, ils auront pitié de lui. Que s'ils n'en ont point compassion, il ne dira plus rien dans la suite, & les abandonnera.

Ibid. 336 n. 41.

A toutes ces expressions, est-il difficile de reconnoître, que c'est un Pere tendre, charitable & compatissant, qui parle à ses Enfans, & qui n'oublie rien pour les ramener à Dieu par ses avis, ses repréhensions, ses prieres, ses supplications, & ses menaces tendres & affectueuses ? Il ne montre pas seulement qu'il est leur Instituteur & leur Pere ; mais il leur dit qu'il les enfante encore, & qu'il leur parle avec d'autant plus de confiance, qu'il sçait qu'Aurele les *enfante avec lui avec la même dilection, jusqu'à ce que la Discipline apostolique soit formée en eux.*

Ibid. 28. n. 36.

L'AVOCAT.

Je trouve par tout dans S. Augustin un cœur embrasé de l'amour de Dieu le plus pur, & de la charité la plus tendre & la plus compatissante pour ses Enfans. Il n'y a pas lieu de douter qu'une charité si parfaite n'attira sur ses Moines de Carthage la bénédiction du Seigneur, & ne changea entierement la disposition de leur cœur.

L'AUGUSTIN.

Exod. 32. Il paroit, Monsieur, que Dieu avoit mis dans
Rom. 9. l'ame de S. Augustin les sentimens de Moyse &
Serm. 17. de S. Paul. Ce saint Docteur ne vouloit, comme
c. 2. *n.* 2. les grands Saints, être sauvé qu'avec ses Freres. En effet, Dieu eut égard à ses prieres, comme à celles de ces deux Hommes incomparables.

Mais la vénération d'Aurele pour S, Augustin réjaillissoit un peu trop sur ses Moines. Ce Prélat se persuadoit que les Moines, que notre saint Docteur avoit formés, participoient à ses lumieres & à sa sainteté. Il vouloit placer dans son Clergé Donat & son frere, qui étoient sortis de notre Monastere d'Hyppone par caprice & contre les remontrances de S Augustin. Il ne
Epist. 60. le dissimule point à Aurele. Il lui marque qu'il a
ad Aurel. n. long-tems hésité sur la réponse qu'il lui feroit;
1. 2. mais qu'enfin, il ne peut s'empêcher de lui representer, que s'il les mettoit au nombre de ses Clercs, ce seroit favoriser la chute des Moines, & faire injure à l'Ordre des Clercs, que d'admettre parmi eux les Deserteurs des Monasteres.

S. Augustin vivoit alors dans sa Maison Epis-
L'an 402. copale avec ses Clercs. Il étoit Evêque depuis sept ans. Pour toucher donc plus vivement le cœur d'Aurele, il se met avec ce Prélat, avec justice, au rang du Clergé, & lui fait sentir qu'une pareille foiblesse les deshonoreroit eux-mêmes. Il ajoûte enfin, qu'il fait quelquefois passer ses Moines dans la Clericature; mais il déclare qu'il choisit les meilleurs & les plus approuvés; & qu'il ne convient point de donner occasion aux gens du monde de se moquer d'eux, en disant qu'un mauvais Moine est un bon Clerc.

Vulgares de nobis jocabuntur, dicentes : malus Monachus bonus Clericus est.

L'AVOCAT.

La sagesse de S. Augustin étoit surnaturelle : elle *descendoit du Pere des lumieres.* Il n'a égard ni à la chair, ni au sang, ni à ce qui pouvoit personnellement lui faire honneur. Il n'a en vûe que Dieu & sa gloire, & le salut de ses Freres. Il ne veut pas les voir placés dans un état qui ne leur convient point. Grande & magnifique leçon pour les peres & meres qui ont tant d'empressement de placer dans le Clergé leurs enfans, qui souvent n'en sont pas plus dignes que ces deux Moines, Enfans d'un si bon Pere & d'un si grand Saint.

Jacob. 1.

Mais ce qui fait à present ma douleur, c'est d'avoir vécu si long-tems dans les préjugés communs, que S. Augustin n'avoit point été Moine, ni l'Instituteur des Moines. Je suis à present bien détrompé ; & je vous assure que dans l'éloge que je ferai désormais des grandes qualités de ce saint Docteur, je n'oublierai pas celles qu'il a fait paroître dans la conduite de ses Moines.

Les reproches que les Hérétiques lui en ont fait, ne peuvent qu'exciter notre compassion. Je ne serai pourtant pas fâché de voir la façon dont il s'est servi pour les réfuter. Ce sera la matiere de notre prochaine conférence.

CINQUIE'ME ENTRETIEN.

On prouve que S. Augustin a été Moine & l'Instituteur des Moines, par les reproches que les Hérétiques lui en ont fait.

L'AUGUSTIN.

Soyez, Monsieur, le bien venu. Mais n'en

ſoyez point ſurpris, vous l'avez ſouhaité, vous allez vous trouver en mauvaiſe compagnie, avec des hommes violens & emportés, qui ne connoiſſent ni les principes de la Religion, ni les ſentimens de l'humanité.

Libr. 3 contr. Litter. Peti. c. 40. n. 48. Petilien ſe trouve à leur tête, & continuë à faire ſervir la malignité de ſa langue, à blâmer les Monaſteres & les Moines, & à faire un crime à S. Auguſtin d'avoir établi ce genre de vie. ***Perrexit ore maledico in vituperationem Monaſteriorum & Monachorum, arguens etiam me, quod hoc vitæ genus à me fuerit inſtitutum.***

L'AVOCAT.

Les Hérétiques n'aiment point les Moines. Je ne ſuis point ſurpris de ce reproche de la part des Donatiſtes; mais S. Auguſtin convient-il d'y avoir donné occaſion, & qu'il fût bien fondé?

L'AUGUSTIN.

S. Auguſtin convient qu'il a établi le premier des Monaſteres & des Moines en Afrique; mais il convainc Petilien d'ignorance ou de mauvaiſe foi, de le repreſenter comme le premier Inſtituteur des Moines, puiſque ce genre de vie étoit connu & pratiqué avant lui ſur toute la Terre. *Ibid.* ***Quod vitæ genus omnino quale ſit, neſcit, vel potius toto orbe notiſſimum neſcire ſe fingit.***

Vous avez, Monſieur, été témoin, que Dieu jetta les fondemens du Monachiſme dans l'eſprit & le cœur d'Auguſtin, même avant ſa Converſion, par la relation que Pontitien lui fit de la vie de S. Antoine & des Monaſteres qui étoient en Egypte, en Allemagne & en Italie. Notre ſaint Docteur n'apporta donc pas en Afrique un nouveau genre de vie, puiſqu'on le pratiquoit avant lui dans les autres parties du monde.

L'AVOCAT.

C'est le propre des Novateurs d'abuser de certaines vérités, pour donner atteinte à d'autres, & pour essayer de faire prévaloir l'erreur & le mensonge. Se sont-ils bornés à ce reproche?

L'AUGUSTIN.

Petilien n'étoit que l'écho des Donatistes; ils ne se contentoient pas de l'insulter sur le nom de Moines, ils l'insultoient encore, parce que ses Freres rendoient *graces à Dieu*, quand ils rencontroient quelqu'un. Qu'est-ce que signifie, disent-ils, *graces à Dieu*? Celui qui dit *graces à Dieu*, rend graces à Dieu. Etes vous si sourds que vous n'entendiés pas *graces à Dieu*? Voyez si un Frere ne doit pas rendre graces à Dieu, quand il voit son Frere? N'y a-t-il pas lieu de se féliciter, lorsqu'ils voyent ceux qui résident en J. C. & en qui J. C. réside? Et vous raillés néanmoins notre action de graces à Dieu! *Quid ergo dicunt illi qui nobis de nomine Monachorum resultant....... hi etiam insultare nobis audent, quia fratres, cum vident homines*, Deo *gratias dicunt. Quid est, inquiunt*, Deo *gratias? Qui dicit*: Deo *gratias*: Deo *gratias agit. Ita nesurdus es, ut nescias, quid sit*, Deo *gratias? Vide si non debet frater* Deo *gratias agere, quando videt fratrem suum? Num enim non est locus gratulationis, quando se invicem vident qui habitant in Christo? Et tamen vos*, Deo *gratias, nostrum ridetis*! *In Psalm. 132 n. 6.*

S. Augustin leur fait voir ensuite que le nom de Moines est respectable, qu'il est tiré de l'Ecriture sainte, & qu'il ne déplaît qu'aux Hérétiques, à cause de leur séparation de l'Eglise. *Pourquoi donc*, leur disoit-il, *ne nous appellerions nous pas Moines*, puisque le Pseaume dit: *Ah! que c'est une chose bonne & agréable que les Freres* *Psalm. 132.*

soient unis ensemble. μονος se dit d'un ; mais non pas d'un en toute maniere, car dans une troupe il y a un ; on peut donc dire un avec plusieurs, Mais on ne peut pas dire, μονος, c'est-à-dire, un seul ; car μονος veut dire un seul ; ceux qui vivent ensemble, de maniere qu'ils ne fassent qu'un seul homme, & qu'ils n'ayent, comme il est écrit, qu'*une ame* & qu'*un cœur*, plusieurs corps, mais non pas plusieurs ames ; plusieurs corps, mais non pas plusieurs cœurs, peuvent être appellés μονος, c'est-à-dire, un seul..... Le nom de Moines leur déplaît, parce qu'ils ne veulent pas demeurer ensemble, & qu'en suivant Donat, ils se sont séparés de J.C. *quare ergo nos non appellemus Monachos, &c.*

Actes 4.

Ibid. n. 2.

Ce sont ces paroles du Pseaume, c'est la douceur de l'instrument à dix cordes, c'est la suavité de cette mélodie, que Dieu a fait passer du Cantique dans l'ame des Fidéles, qui a enfanté tant de Monasteres. C'est à ce son que les Freres se sont éveillés, & qu'ils ont desiré de demeurer ensemble. Ce verset a été leur Trompette, il a retenti par toute la Terre, & ceux qui étoient divisés se sont réunis. On n'entendoit point en Judée la voix de Dieu, la voix du S. Esprit, la voix des Prophêtes ; & elle s'est fait entendre par J. C. sur toute la Terre. *Ista enim verba Psalterii, &c.*

L'AVOCAT.

Ce dernier trait de S. Augustin me surprend. Ce saint Docteur, dont j'ai si souvent admiré la sagesse & la charité, prétendoit-il qu'on ne pouvoit opérer son Salut que dans les Monasteres ? La voix de Dieu, la voix du S. Esprit, la voix des Prophêtes, qui n'étoit point entenduë en Judée, & qui s'est fait entendre par J. C. sur toute la Terre, nous oblige-t-elle à nous éveiller, à quitter le monde, & à desirer de demeurer tous dans des Monasteres ?

L'AUGUSTIN.

L'idée que vous avez si souvent marquée de la sagesse surnaturelle de S. Augustin, est-elle, Monsieur, compatible avec l'objection que vous me proposés ? La disposition de votre esprit & de votre cœur envers ce saint Docteur, ne met-elle pas la réponse devant vos yeux ? Ce n'est donc pas pour vous, mais pour les génies contentieux que je vas y satisfaire.

S. Augustin distingue trois sortes de personnes, qui renferment tous les hommes, les Pasteurs, les Moines & les Gens du monde. *Idid. n. 5.*

Il prétend que Noë, qui dans les jours du Déluge gouvernoit l'Arche, represente les Pasteurs; que Daniel, qui dans le célibat mena une vie paisible, sans femme & sans enfans, n'ayant de desirs que pour le Ciel, qui fut éprouvé en beaucoup de choses, & trouvé toujours *comme l'or le plus pur*, qui fut tranquille & en sûreté au milieu des lions affamés; qui fut enfin appellé *l'homme de désirs*; mais de desirs chastes & saints, represente les Moines, dont il est écrit : *Ha! que c'est une chose bonne & agréable que les Freres soient unis ensemble*; & que Job represente les Gens du monde, dont il est dit : *De deux hommes qui sont dans un champ, l'un sera pris & l'autre laissé; de deux femmes qui moudront au Moulin, l'une sera prise & l'autre laissée.* Car Job avoit une femme, des enfans, des richesses & de grands biens en ce monde, ce qui fit dire au Diable, qu'il n'étoit attaché à Dieu, que parce qu'il avoit *remparé sa personne, sa maison & tout son bien*, qu'il avoit beni les œuvres de ses mains, & que tout ce qu'il possédoit se multiplioit sur la Terre de plus en plus, & que c'étoit pour cela que Job l'adoroit.

Gen. 5. 7. *Daniel 9.* *Psalm. 132.* *Matth. 24.* *Job. 1.*

Dieu permit donc au Démon pour le confondre, de tenter ce ſaint Homme, il perdit tout d'un coup ſes biens & ſes héritiers ; Dieu ne lui laiſſa que ſa femme, non pour le conſoler, mais pour l'éprouver. Vous ſçavez ce qu'il dit : *Dieu m'avoit donné tout, il m'a ôté tout, il n'eſt arrivé que ce qui lui a plû, que le nom du Seigneur ſoit beni.* Nous voyons accompli en lui ce que nous chantons, & à quoi notre conduite doit être conforme : *je benirai le Seigneur en tout tems, ſa louange ſera toujours dans ma bouche.* C'eſt dans ces trois noms que l'Ecriture & l'Evangile renferme trois ſortes d'hommes, qui compoſent tous les hommes. *Noë ſignificat Eccleſiæ rectores, &c.*

Pſalm. 33.

Vous devez donc, Monſieur, reconnoitre partout la ſageſſe & la charité de S. Auguſtin, bien loin de penſer qu'on ne pouvoit opérer ſon Salut que dans les Monaſteres, il enſeigne clairement par la condition différente de trois grands Hommes, où il renferme tous les hommes, que non-ſeulement les Paſteurs de l'Egliſe & les Moines, mais même les Riches du monde peuvent être ſauvés, s'ils font un bon uſage de leurs richeſſes. Il ne mettoit, comme tous les Fidéles, ſa confiance que dans les mérites infinis de J. C. Rien n'eſt plus édifiant que les expreſſions dont il ſe ſervoit dans la ferveur de ſes prieres.

Libr. 10. Conf. c. 43. n. 69. Quel a été l'excès de votre amour pour nous, ô Pere des miſéricordes, puiſque vous n'avez pas épargné votre Fils unique, & que vous l'avez livré à la mort pour nous, tout pécheurs que nous étions ? Quel a été l'excès de cet amour, puiſqu'il vous a porté juſqu'à vouloir que celui qui n'uſurpe rien, quand il ſe dit égal à vous, ſe ſoumit à vous obéir juſqu'à la mort, & à la mort de la Croix ; lui qui eſt le ſeul *libre d'en-*

Rom. 8. Philip 2. Pſalm. 87. Joan. 10.

tre les morts, qui étoit le Maître de donner sa vie & de la reprendre, qui a vaincu la mort en s'offrant à vous ; & qui ne l'a vaincuë que parce qu'il s'est lui-même rendu victime, qu'il s'est offert pour nous en sacrifice à votre divine Majesté, étant tout à la fois le Sacrificateur & la victime; & n'étant Sacrificateur, que parce qu'il s'est fait victime pour nous élever, d'esclaves que nous étions, à la qualité de vos enfans, en s'abaissant jusqu'à nous servir, quoiqu'il soit notre Dieu, parce que vous l'engendrés éternellement. J'ai donc grand sujet d'espérer que vous me guérirez de tous mes maux, par le mérite du sang de celui qui est assis à votre droite, & qui vous prie sans cesse pour nous; *sans cela je tomberois dans le désespoir*; car mes maux sont grands & en grand nombre; mais la vertu du reméde que vous nous avez préparé, est encore plus grande. Nous aurions pu croire qu'il étoit trop au-dessus de nous, pour s'unir à notre nature ; *& nous aurions en effet désespéré de notre Salut*, si ce même Verbe ne s'étoit pas fait chair, & n'eut point habité parmi nous. *Quomodo nos amasti, &c.* Joan. 1.

L'AVOCAT.

Vous me faites, mon Révérend Pere, sentir bien vivement l'indiscrétion d'une idée qui s'étoit presentée sans conséquence à mon imagination. Mais puisque vous ne m'avez point ménagé, je vais à mon tour, vous mettre à une épreuve, qui ne vous sera pas moins sensible; faites-moi voir que S. Augustin avoit de ses Moines des sentimens aussi humbles que ceux qu'il avoit de lui-même.

L'AUGUSTIN.

La simplicité de S. Augustin m'a appris à être simple; ainsi je n'aurai, Monsieur, aucune peine à mettre sous vos yeux une de ses Lettres, qui vous donnera une pleine & entiere satisfaction.

Epist. 78. n. 8. Quelqu'attention que j'aye à la discipline de ma maison, je suis homme & je vis parmi des hommes, & je n'ose présumer que ma maison
Genes. 9. soit meilleure que l'Arche de Noë, où de huit hommes; il s'en trouva un réprouvé; ou meilleure que la maison d'Abraham, où on lui dit:
Ibid. 21. *Chassés la Servante avec son fils* : ou meilleure que la maison d'Isaac, où il est dit de deux
Malach. 1. jumeaux : *J'ai aimé Jacob & j'ai haï Esaü*; ou meilleure que la maison de Jacob, dont un fils
Genes. 49. souilla sa couche; ou meilleure que la maison
Libr. 2. reg. 13. de David, dont un fils fit violence à sa sœur, & un autre se révolta contre la sainte douceur de son pere; ou meilleure que la demeure de
Ibid. 15. S. Paul, qui conversoit avec des hommes qui étoient tous bons, & disoit néanmoins: *Ce n'a*
1. Corint. 7. *été que combats au dehors & frayeurs au dedans.* Il ajoute même, en parlant de la sainteté & de la foi de Thimothée, *je n'ai personne qui soit autant que lui, uni avec moi d'esprit & de douceur,*
Philip. 2. *& qui se porte plus sincérement à prendre soin de ce qui vous touche; car tous cherchent leurs propres intérêts, & non ceux de Jesus-Christ*; ou
Matth. 26. meilleure que la compagnie de notre Seigneur,
Apocap 12. dans laquelle onze bons Apôtres tolérérent le perfide Judas; ou meilleure enfin que le Ciel, d'où les mauvais Anges ont été précipités.

In Psalm. 132. num. 4. Il est de mauvais Moines, & nous en connoissons de tels; mais la pieuse fraternité ne périt point à cause de ceux qui sont mauvais; car il est de mauvais Moines, comme il est de mauvais Clercs & de mauvais Chrétiens.

Epist. 78. num. 9. Ce saint Docteur s'énonce encore avec plus de force dans la Lettre que je viens de vous rapporter. Je dirai ſimplement à votre charité, en preſence du Seigneur, qui eſt témoin de ce qui ſe paſſe dans mon ame, que depuis que j'ai commencé à ſervir Dieu, je n'ai point trouvé d'hommes meilleurs que ceux qui ont fait du progrès dans les Monaſteres, ni de plus mauvais que ceux qui ſont déchus de la perfection de leur état.

La vérité étoit donc la fin où tendoit S. Auguſtin; & il lui rendoit hommage ſans égard à ſa perſonne, ni à ſes Moines, ni à qui que ce ſoit. Mais ne découvrez vous pas en même-tems qu'il ne ſépare point ſa converſion de la vie monaſtique qu'il s'étoit propoſée d'embraſſer, avant même qu'il reçût le Baptême ?

L'AVOCAT.

Il ne s'agit plus, mon Révérend Pere, de confirmer le Monachiſme de S. Auguſtin, nous en avons vû tant de preuves ſenſibles, certaines & évidentes, variées & multipliées, qu'il n'eſt plus permis d'en douter. Je vous ai occaſionné une indiſcrétion, je n'en ſuis plus fâché; car elle a donné un nouvel accroiſſement à mon reſpect & à ma vénération pour ce ſaint Docteur. Je ne connois perſonne qui ait plus participé que lui à la ſimplicité, qui eſt un attribut eſſentiel & inſéparable de la Divinité. Mais il eſt tems de revenir aux reproches qui lui ont été faits par les Hérétiques : ont-ils continué à cenſurer ſa perſonne & ſes Moines ?

L'AUGUSTIN.

Peut-on attendre autre choſe des Novateurs ? Leurs reproches ne ſervirent qu'à rendre ſa charité plus éclatante, & qu'à augmenter devant Dieu les fleurons de ſa Couronne. Qu'ils diſent *In Pſal n. 36.*
de nous tout le mal qu'ils voudront; aimons-les, *Conc. 3. n. 19*

quoiqu'ils ne veulent pas que nous les aimions. Nous connoissons la malignité de leurs langues ; mais nous n'avons garde de nous fâcher contr'eux ; & nous vous exhortons, mes Freres, à les supporter avec nous. Ils voyent que leur cause ne vaut rien ; ils tournent leurs langues contre nous, & ils disent de nous bien des maux, dont ils connoissent une partie & ignorent l'autre ; ce qu'ils connoissent, ce sont nos fautes passées : car nous avons été autrefois, comme dit l'Apô-
Tit. 3. tre, *insensés, désobéissans, égarés du chemin de la vérité, asservis à une infinité de passions & de voluptés.* Nous confessons à Dieu nos fautes passées, avec d'autant plus d'amertume, qu'il nous a fait ressentir plus de joye en nous les pardonnant. Nous le louons, nous le bénissons... Vous blâmés mes fautes passées ; que faites-vous de grand ? Je suis plus sévere que vous contre mes fautes, car je les condamne ; plût à Dieu que vous voulussiez m'imiter, & qu'on pût dire de votre erreur, qu'elle est finie. Je me connois mieux qu'ils ne me connoissent ; mais Dieu me connoît encore mieux, que je ne me connois moi-même ; qu'ils ne vous insultent donc pas par rapport à nous...... S'ils nous connoissent bien, ils sçavent que nous avons autrefois navigé & fait bien des voyages ; mais ils doivent aussi sçavoir, que nous sommes revenus bien différens de ce que nous étions, lorsque nous sommes partis...... Que leur dirai-je donc ? Soupçonnés de nous tout ce qu'il vous plaira, si nous sommes bons, nous sommes le froment dans l'Eglise de J. C. si nous sommes mauvais, nous y sommes la paille. Nous ne sortons pas néanmoins de l'aire ; mais vous qui avez volé dehors par le vent de la tentation, qui êtes vous ? Le vent n'en-

leve point le blé de l'aire. Reconnoissez donc par l'endroit où vous êtes, ce que vous êtes. *Loquentur adversum nos quidquid voluerint, nos diligamus illos, & nolentes, &c.*

C'est avec ces ménagemens & ces sentimens humbles & charitables, que S. Augustin défendoit l'Eglise, en réfutant les outrages des Donatistes. Nous avons rendu graces à Dieu d'avoir été jugés dignes de souffrir leurs outrages; mais la charité nous rend toujours redevables envers eux. Elle est une; & quoiqu'on l'exerce aujourd'hui, on la doit encore demain & toujours; *& si quotidie redditur, semper debetur.* On doit s'affliger des maux du prochain, & se réjouir de son bien, en tant qu'il s'en sert utilement pour la gloire de Dieu. On doit lui rendre toute l'assistance possible dans le besoin, avoir du zèle pour le salut de son ame, & le lui procurer comme le sien propre, parce que telle est la volonté de Dieu.

Ibid. n. 18. Actes 5.

L'AVOCAT.

S. Augustin depuis l'instant de sa Conversion, a toujours été le même; son cœur n'a été qu'une flamme ardente de zèle, de charité, de patience, de douceur & d'humilité. Il ne me reste plus qu'un doute; c'est sur sa regle dont vous avez plusieurs fois fait mention dans nos Entretiens. Vous avez toujours supposé qu'elle a été faite pour vous; mais on prétend que vous vous l'êtes adoptée, & que vous l'avez tirée d'une Lettre écrite par ce saint Docteur à des Religieuses qu'il avoit établies. Je vous prie, mon Révérend Pere, d'éclaircir ce fait, qui est relatif au Monachisme de S. Augustin, afin de ne rien laisser à desirer dans nos Entretiens.

Epist. 211. ad Sanctim.

L'AUGUSTIN.

L'éclairciſſement que vous demandez, Monſieur, eſt un vrai point de critique; il eſt, ſans contredit, ce qu'il y aura de plus difficile à diſcuter dans nos Entretiens. Il demande beaucoup d'attention; j'en ſens déja tout le poids: il mériteroit une diſſertation entiere. Ce ſera prendre beaucoup ſur votre tems, que d'éclaircir ce fait dans une ſeule Conférence. Nous abrégerons autant qu'il ſera poſſible; choiſiſſés le jour où vous aurez plus de liberté, pour diſcuter une matiere qui a partagé les Sçavans, ſans jamais ſe donner la peine de l'approfondir.

SIXIE'ME ENTRETIEN.

Sur la Régle de Saint Auguſtin.

L'AVOCAT.

Je ne penſois pas, mon Révérend Pere, que la Régle de S. Auguſtin, ſi ſage & ſi édifiante, qui de l'aveu de Janſénius a été adoptée par plus de cinquante-quatre Ordres Religieux célébres, pût ſouffrir de grandes difficultés. Je me perſuadois que ce ſaint Inſtituteur de Moines en Afrique, la leur avoit donnée tout d'abord, & que dans un inſtant vous m'en donneriez de bonnes preuves.

L'AUGUSTIN.

Votre façon de penſer, Monſieur, eſt juſte & relative au tems où nous vivons; rien n'eſt plus ordinaire aux Fondateurs des Ordres Religieux, que de commencer par donner aux Membres qui doivent les compoſer, une Régle à laquelle il ſont obligés de conformer leur vie & leurs mœurs. C'eſt ainſi qu'ils ſe ſont conduits depuis plus de six cens ans, que l'Eglise a commencé à leur donner une Approbation authentique & solemnelle.

Mais comme dans les premiers siécles, on n'observoit point cette forme, les saints Instituteurs des Ordres Religieux, n'avoient garde de publier avec ostentation & à pure perte, la Régle qu'ils donnoient à leurs Moines. On sçavoit qu'ils avoient entierement renoncé au monde, qu'ils vivoient dans un parfait dégagement de toutes les choses de la terre, dans la pauvreté, la chasteté, l'obéissance, qu'ils n'avoient tous qu'*une ame* & qu'*un cœur*; mais on ignoroit dans le monde la Régle qui prescrivoit ce détail.

L'AVOCAT.

Vous éludez la question, mon Révérend Pere; je vois bien que vous n'osez assurer, que S. Augustin donna tout d'abord sa Régle aux Moines, qui se retirérent avec lui dans votre Monastere de Tagaste: en effet, ce saint Docteur étoit lui-même une Régle vivante, par la pratique de toutes les vertus & par l'exactitude à remplir toutes les obligations qu'il leur prescrivoit dans ses discours.

L'AUGUSTIN.

A Dieu ne plaise que j'eusse en vûë d'éluder une question de cette importance; mon intention est de lui donner toute la clarté qui convient, & de la mettre au grand jour; il suffit pour cela, de comparer la Régle de S. Augustin avec les termes de S. Posside, qui en a fait mention. Ayant donc été fait Prêtre, il établit un Monastere près de l'Eglise, & commença à y vivre avec les Serviteurs de Dieu, *selon la maniere & la régle établie sous les saints Apôtres*; de sorte que personne dans cette Société n'avoit

Vita S. Aug. cap. 5.

1. Preuve.

rien en propre, & que toutes choſes leur étoient communes, & qu'on diſtribuoit à un chacun ce qui lui étoit néceſſaire; *ce qu'il avoit déja pratiqué, quand il revint d'Italie dans ſon Païs.*

L'AVOCAT.

Je n'aperçois pas dans ces paroles de S. Poſſide, l'ombre de la Régle de S. Auguſtin, qui commence par ces termes: *Ante omnia, fratres chariſſimi, diligatur* Deus, *deinde proximus.* Il ne dit point que ce ſaint Docteur la donna à ſes Moines d'Hyppone, ni qu'il l'eût donnée à ceux de Tagaſte: il ſe borne à nous apprendre qu'il vécût avec les Moines dans ſon ſecond Monaſtere, comme il avoit vécu dans le premier, *ſelon la maniere & la regle établie ſous les ſaints Apôtres.*

L'AUGUSTIN.

Reg. c. 1. Quelle différence trouvez vous, Monſieur, entre ces paroles de S. Auguſtin dans ſa Regle: *Non dicatis aliquid proprium, ſed ſint vobis omnia communia, & diſtribuatur unicuique veſtrûm à præpoſito veſtro victus & tegumentum, non æqualiter omnibus, quia non æqualiter valetis omnes, ſed potius unicuique, ſicut opus fuerit.* Et *Vita S. Aug. cap. 5.* les termes de S. Poſſide: *Maximè ut nemo quidquam proprium in illa Societate haberet, ſed eis eſſent omnia communia, & diſtribueretur unicuique, ſicut opus erat?* N'eſt-ce pas le même ſens? Les termes ne ſont-ils pas les mêmes? N'eſt-il pas clair qu'il les a tirés de la Régle de S. Auguſtin.

L'AVOCAT.

J'avouë que j'ai parlé par catachrèſe, quand j'ai dit que je n'apercevois pas l'ombre de la Régle de S. Auguſtin, dans les termes de S. Poſſide; mais cet Ecrivain de ſa vie ne peut-il pas

pas avoir eu en vuë ce qui se pratiquoit dans ses Monasteres de Tagaste & d'Hyppone, *selon la maniere & la regle établie sous les saints Apôtres*, sans égard à sa Régle, qu'on prétend ne pas exister alors ?

L'AUGUSTIN.

Les Apôtres avoient-ils ordonné aux premiers Fidéles de vendre leurs biens, d'en donner le prix aux Pauvres, de vivre en commun, de n'avoir rien en propre, de recevoir d'un Supérieur ce qui seroit nécessaire à chacun d'entr'eux, de vivre dans la chasteté & l'obéissance ? &c. Voilà ce qui est ordonné par la Régle de S. Augustin, & par l'Analysie qu'en fait S. Possîde. Il n'avoit donc pas en vuë ce qui se pratiquoit par les premiers Fidéles; mais la Régle de S. Augustin, dont il répete les paroles, *selon la maniere & la régle établie sous les saints Apôtres*, pour ceux d'entre les Fidéles à qui Dieu inspireroit de tendre à la pratique des conseils évangéliques.

Pourriez-vous, Monsieur, vous persuader, que S. Augustin eût établi & conduit des Moines pendant quarante-deux ans, & que dix de ses Moines devenus Evêques, eussent à son exemple établi des Monasteres dans leurs Diocèses, dont ils avoient un soin particulier, sans leur donner une régle à laquelle ils fussent obligés de conformer leur vie & leurs mœurs ? *2. Preuve.*

Comme il se trouve néanmoins des Sçavans, qui conviennent que S. Augustin a été Moine & l'Instituteur des Moines, & qui cependant s'imaginent que ses Moines se sont adoptés la Régle que ce saint Docteur donna à ses Religieuses; il est nécessaire, pour ne laisser aucun doute sur une matiere si intéressante, de faire l'examen critique des paroles de S. Possîde & de la Régle de S. Augustin.

L'AVOCAT.

Cet examen sera-t-il d'une longue discussion ?

L'AUGUSTIN.

Je vous ai prévenu qu'un examen critique est clair, précis & fondamental, & qu'il ne laisse aucun doute sur la matiere qui en est l'objet. Nous en avons observé les régles dans nos Entretiens précédens ; vous en avez paru satisfait ; voudriez-vous le négliger dans un cas où elles sont absolument nécessaires ?

L'AVOCAT.

Faites moi donc voir le plan de cet examen.

L'AUGUSTIN.

Je ne pourrai me dispenser de vous faire voir :

1°. Que S. Posside n'a point borné la Régle de S. Augustin à la pratique des premiers Fidéles, qui tendoient à l'accomplissement des préceptes.

2°. Qu'il a eu raison de dire, que la Régle observée dans les deux premiers Monasteres de S. Augustin, étoit conforme *à la maniere & à la regle établie sous les saints Apôtres*, pour les Fidéles à qui Dieu inspireroit de tendre à la pratique des conseils évangéliques.

3°. Que la Régle que S. Augustin donna d'abord à ses Moines de Tagaste, & ensuite à ceux d'Hyppone, est fondée sur la *maniere & la régle établie sous les saints Apôtres*, pour les Fidéles qui tendroient à la pratique des conseils évangéliques ; & que par conséquent, S. Posside parle de la Régle que S. Augustin donna à ses Moines.

4°. Que S. Augustin n'en a fait mention dans aucuns de ses Ouvrages, ni de l'extension qu'il en fit aux Religieuses qu'il avoit établies, en retranchant seulement les premieres paroles, dont il crut devoir les priver, pour les *attrister ſalutairement*, & les conduire à *une pénitence ſtable*; mais ſans y rien changer dans la ſuite, que les termes convenables à leur ſexe.

5°. qu'on ne peut dire, ni même penſer, ſans faire une injure atroce à S. Auguſtin ; que ſes Moines ſe ſont adoptés la Régle qu'il donna à ſes Religieuſes.

6°. Que les ſçavans Peres Bénédictins nous fourniſſent des armes victorieuſes pour l'autenticité de la Régle de S. Auguſtin pour ſes Moines.

7°. Que les termes contenus dans la communication de la Régle que S. Auguſtin donna à ſes Religieuſes, ſont des preuves qu'elle avoit été primitivement faite pour ſes Moines.

8°. Qu'on ne peut inférer des diſputes qui s'élevérent dans notre Monaſtere de Carthage, que S. Auguſtin n'eut pas donné ſa Régle à ſes Moines dès le commencement de leur établiſſement.

9°. Qu'il n'a jamais été difficile de reconnoître les vrais enfans de S. Auguſtin, au milieu de plus de cinquante-quatre Ordres célébres qui ont embraſſé ſa Régle.

L'AVOCAT.

Les régles de la critique ne ſe combattent point, & ſont encore moins oppoſées à la Doctrine des Livres ſaints : Or je trouve à l'ouverture de votre plan une contradiction manifeſte, &, ce qui eſt encore plus, une oppoſition formelle à la Doctrine des Livres ſacrés.

1°. Vous ſuppoſez d'abord que S. Poſſide n'a pas borné la Régle de S. Auguſtin à la pratique des premiers Fidéles ; & vous dites enſuite qu'elle eſt conforme *à la maniere & à la régle etablie ſous les ſaints Apôtres*, pour la conduite des premiers Fidéles : ce qui se contredit manifestement.

1°. Vous imaginez de la différence entre la perfection des préceptes & des conseils évangéliques, & l'Ecriture sainte n'en met point. La perfection à laquelle nous sommes tous obligés de tendre, & à laquelle nous ne parviendrons que dans le Ciel, c'est la plénitude de l'amour de Dieu, c'est le but des Pasteurs, c'est le but des Moines & de tous les Chrétiens : c'est à eux indis-
Math. 5. tinctement à qui J. C. a dit : *Soyez parfaits, comme votre Pere céleste est parfait.* Leur gloire dans le Ciel sera proportionnée à la perfection & à la pureté de leur amour. Ce n'est point la chasteté de nos corps, qui par elle-même plaît à Dieu. *Une femme humble*, dit S. Augustin, *est plus agréable*
Ibid. 25. *aux yeux de Dieu qu'une Vierge superbe.* L'Evangile nous apprend que cinq Vierges folles n'eurent point de part aux nôces de l'Epoux.

S. August. Serm. 341. *c.* 4. *n.* 5. La virginité de la foi, qui préserve du péché les personnes mariées, & qui opére en elles tant de bonnes œuvres, rend leur ame vierge. Toute l'Eglise qui est composée d'Enfans, de Vierges, d'Hommes & de Femmes mariés, est appellée une seule Vierge. S. Augustin le démontre par ces paroles de l'Apôtre : *Je vous ai fiancés à cet*
2. *Corint.* 11. 2. *unique Epoux, qui est Jesus-Christ, pour vous*
Serm. 93. *c.* 2. *n.* 4. *presenter à lui comme une Vierge toute pure.* C'est ce qui faisoit encore dire à ce saint Docteur : Gardez la virginité de votre ame, comme étant fiancés par l'ami de l'Epoux, qui doit vous presenter à Jesus-Christ comme une Vierge toute pure.

Ce n'est donc pas la chasteté de nos corps, qui par elle-même plaît à Dieu ; c'est la chaste-
Sagesse 11. *proverb* 8. *Jean.* 14. té de nos ames qui lui donne le prix & le mérite ; parce que ce sont nos *ames* qu'il *a créées*

à son image, qu'il *aime* en nous, & dans lesquelles il veut habiter. C'est la vuë simple de sa gloire, & la pure intention de lui plaire dans toutes nos démarches, qui nous rend par Jesus-Christ agréables aux yeux de Dieu. C'est-là où tendoient les premiers Fidéles. Ils n'avoient tous qu'*une ame* & qu'*un cœur*. Ils vendoient leurs biens & en distribuoient le prix à tous, selon le besoin que chacun en avoit. La pratique établie par S. Augustin dans ses Monasteres, étoit-elle plus parfaite que celle de ces premiers Chrétiens? Prétendez-vous que votre Régle soit au-dessus *de la maniere & de la régle établie sous les Apôtres?*

L'AUGUSTIN.

Vous n'avez pas, Monsieur, fait assez d'attention à mes deux premieres Propositions, & vous ne distinguez point assez la perfection évangélique des moyens qui y conduisent. C'est ce qui doit vous convaincre de la nécessité de suivre les régles de la critique, pour mettre au grand jour les vérités contestées, & pour déveloper les anciens faits.

Il ne faut, pour vous démontrer qu'il n'y a dans mes Propositions, ni contradiction, ni opposition à la Doctrine des Livres sacrés, que considérer la différence qu'il y avoit entre les premiers Fidéles qui tendoient à la pratique des préceptes évangéliques, & quelques-uns d'entr'eux qui aspiroient à la pratique des conseils évangéliques. Leur fin étoit la même. Ils tendoient tous à aimer Dieu parfaitement. Mais les moyens dont ils se servoient, pour arriver à la plénitude de l'amour, étoient différens.

Je conviens donc aisément, qu'une femme humble est plus agréable aux yeux de Dieu, qu'une Vierge ſuperbe ; & que la virginité de la foi, qui préſerve du péché les perſonnes mariées, & qui opére en elles tant de bonnes œuvres, rend leur ame vierge, & que toute l'Egliſe ſainte n'eſt qu'une ſeule vierge preſentée par l'ami de l'Epoux à Jeſus-Chriſt, qui eſt ſon unique Epoux.

Je vous avouë encore avec plaiſir, que tous les Fidéles tendent à aimer Dieu de plus en plus, & à accomplir plus parfaitement le précepte de l'amour de Dieu & du Prochain ; & qu'il leur ſuffit d'être intérieurement diſpoſés à renoncer à tout, ſi telle étoit la volonté de Dieu, ou que ſa gloire & leur ſalut le demandaſſent.

Mais je vous demande, Monſieur, ſi le renoncement à ſoi-même n'eſt point au-deſſus de la diſpoſition à renoncer à ſoi-même ; & ſi la pratique des conſeils évangéliques, qui détache réellement & actuellement l'eſprit & le cœur de toutes les choſes terreſtres, ne conduit pas plus ſûrement & plus efficacement, que la pratique des préceptes, à la perfection & à la plénitude de l'amour de Dieu & du Prochain ?

Vous m'avez oppoſé S. Paul & S. Auguſtin ; c'eſt par leurs textes que je vais vous combattre, & par leur canal que vous allez découvrir

1. Corint 7. la vérité. *Une femme qui n'eſt point mariée, & une Vierge s'occupe du ſoin des choſes du Seigneur, afin d'être ſainte de corps & d'eſprit ; mais celle qui eſt mariée, s'occupe du ſoin des choſes du monde, & de ce qu'elle doit faire pour plaire à ſon mari.*

Serm. 141. n. 11, 12. S. Auguſtin entre parfaitement dans les ſentimens du grand Apôtre. Les Vierges ont renoncé à ce qui étoit permis, pour plaire davantage à Dieu, à qui elles ſe ſont conſacrées. Elles ont préféré la plus grande beauté de leur cœur... Quelques-unes ont été, par le feu de l'amour divin, supérieures à toutes les contradictions de leurs parens. Le pere se mettoit en colere, la mere pleuroit. Celles qui avoient devant les yeux celui qui *surpasse en beauté les enfans des Hommes*, ne s'en sont point embarrassées. Elles n'ont souhaité de plaire qu'à Dieu par la beauté intérieure, par la beauté de leur ame & *par la pureté incorruptible d'un esprit plein de douceur.*

Psalm. 44.

1. *Petr.* 3.

L'amour de Dieu & du Prochain est donc l'accomplissement de la Loi, *Plenitudo legis est dilectio.* Mais il y a divers moyens d'y tendre, dont les uns sont beaucoup plus sûrs & plus efficaces que les autres. Il y a plusieurs demeures dans la maison du Pere céleste, *In domo Patris mei mansiones multæ sunt.* Il est des hommes qui donnent à Dieu de plus grandes preuves de leur amour que les autres, selon la mesure du don de Jesus-Christ, *Secundùm mensuram donationis Christi.* Il en est qui se sont plus ornés, pour plaire davantage à leur époux, qui ont tellement embrassé le précepte, qu'ils sont soumis aux conseils, *Usque adeo acceptaverunt præceptum, ut non recusarent consilium: ut plus placerent, plus se ornaverunt.*

Rom. 13.

Joan. 10.

Ephes. 4.

S. *August.* ibid. n. 11.

Il est aisé maintenant de faire l'application de ces principes, qui sont incontestables à la pratique des premiers Fidéles & aux termes de S. Possíde.

Les Apôtres obligerent-ils les premiers Fidéles à vendre leurs terres? S. Pierre ne dit-il pas à Ananie, qui, de concert avec sa femme, ayant vendu un fond terre, & en ayant retenu une partie du prix qu'il l'avoit vendu, mit le reste aux pieds des Apôtres: *Ne demeu-*

Actes 5. *roit-il pas toujours à vous, si vous aviez voulu le garder; & après même l'avoir vendu, le prix n'en étoit-il pas encore à vous? Comment avez-vous donc conçu ce dessein dans votre cœur?*

Les Apôtres engagerent-ils les premiers Fidéles à renoncer à leurs femmes; les peres & les meres à abandonner leurs enfans; & les adultes des deux Sexes à embrasser la pauvreté, la chasteté, l'obéissance, & certaines observances réguliéres, sous la conduite d'un Supérieur?

N'est-il donc pas évident, que lorsque S. Possi-de dit que S. Augustin vécut à Hyppone avec ses Moines, comme il avoit vécu à Tagaste, *selon la maniere & la regle établie sous les saints Apôtres*, il ne borne pas la pratique de ses Monasteres, à celle des premiers Fidéles, qui ne tendoient qu'à l'accomplissement des préceptes évangéliques? N'est-ce pas lui-même qui nous a appris, dans l'abregé de la vie de ce saint Docteur, qu'il vendit, en arrivant à Hyppone, son patrimoine, & qu'il en donna le prix aux pauvres; qu'il ne voulut ni femmes, ni enfans, ni richesses, ni honneurs, desirant uniquement d'être du petit troupeau, auquel il a plu au Pere céleste de donner son Royaume; qu'il vécut environ trois ans à Tagaste avec ses amis, qui avoient, comme lui, vendu leur Patrimoine, dans le jeûne, dans la priere, dans les bonnes œuvres, & dans la méditation de la loi de Dieu jour & nuit; & qu'ayant ensuite été ordonné Prêtre, ses Moines d'Hyppone continuerent à servir Dieu avec lui, comme leur frere, & sous lui, comme leur Supérieur & leur Instituteur?

S. Possidę, élevé dès sa jeunesse dans les Monasteres de S. Augustin, n'ignoroit pas assurément la différence qu'il y a entre la pratique des préceptes & des conseils évangéliques. N'avoit-il pas été témoin, & ne nous a-t-il pas plusieurs fois déclaré, que S. Augustin & ses Moines tendoient de toute la plénitude de leur cœur, à la pratique des conseils évangéliques?

Il est donc indubitable qu'il parle de la Régle de S. Augustin, fondée sur la maniere & la régle établie sous les Apôtres, pour ceux qui tendroient à la perfection évangélique. 3. Preuve.

Il n'y a donc ni contradiction dans les deux premieres propositions que j'ai avancées, ni opposition à la doctrine des Livres sacrés. Vous venez, Monsieur, de voir qu'elles sont conformes à la morale du grand Apôtre, de Saint Augustin & de S. Posside. Elles nous ont même conduit par les régles de la critique, à la connoissance de la vérité, en distinguant la fin du Christianisme des moyens qui y conduisent le plus sûrement & le plus efficacement.

L'AVOCAT.

Vous n'êtes pas encore, mon Révérend Pere, parvenu au but que vous vous proposez. Vous avez, à la vérité, démontré que S. Posside n'a pas borné la régle qui s'observoit dans les Monasteres de S. Augustin, à la pratique des premiers Fidéles. Mais il vous reste à faire voir que la Régle de S. Augustin est fondée sur *la maniere & la regle établie sous les saints Apôtres*, pour les Fidéles qui aspireroient à la pratique des conseils évangéliques. Vous l'avez avancé sans le prouver. Ainsi votre triomphe est encore imparfait.

L'AUGUSTIN.

Vous sçavez, Monsieur, que mon intention, pour vous en convaincre, a été tout d'abord d'en faire l'examen critique.

S. Augustin commence sa Régle par l'amour de Dieu & du Prochain; parce que c'est-là le
Matth. 22. le premier & le plus grand Commandement, &
Joan. 15. que toute la Loi & les Prophêtes y sont renfer-
Luc. 10. més, & qu'il n'en est aucun qui nous ait été plus
Marc 12. souvent & plus expressément recommandé par
Philipp. 2. les Apôtres.
1. Petr. 5.
Jacob. 1 4. Les deux premiers Chapitres de sa régle sur
Coloss. 3. *la pauvreté & l'humilité*, sont tirés des Lettres
Matth. 5. des Apôtres en une infinité d'endroits. Je vais
Ephes. 6. 18. vous en lire seulement quelques-uns.

Ces statuts essentiels à la vie Monastique, ont toujours fait sur l'esprit & le cœur des vrais enfans de S. Augustin, une impression d'autant plus vive, que leur saint Instituteur (Serm. 355. num. 2.) leur en donna l'exemple non-seulement pendant les quatorze ans qu'ils vêcurent sous sa conduite immédiate, étant Moine, Prêtre & ensuite Evêque; mais encore lorsqu'après la mort de Valere, se trouvant dans l'obligation d'exercer l'hospitalité, ce qu'il crut ne pouvoir faire décemment dans son Monastere de Moines, il établit dans sa Maison Episcopale un Monastere de Clercs, avec lesquels il vêcut en commun pendant vingt-huit ans, sans aucune distinction à sa table ni dans ses habits.

(Serm. 356. num. 13.) Que personne, disoit notre saint Docteur, ne me donne rien que pour être mis en commun. Je ne veux ni bonnet ni habits, que je ne puisse donner à un de mes Freres, s'il en a besoin. Un bonnet de prix seroit peut-être convenable à un Evêque; mais il ne convient point à Augustin, né pauvre & de pauvres parens. Si quelqu'un me donne donc un bonnet ou un habit précieux, dont je ne puisse décemment revêtir un Prêtre, un Diacre ou un Soudiacre, je les vends, afin que ces habits qui ne peuvent être communs entre nous, le deviennent par le prix que j'en retire.

Ce n'est donc pas sans fondement que S. Possi- *Vita S. Aug. c. 31.* de remarque que notre saint Instituteur ne fit point de testament à cause de sa pauvreté.

Il en est de même du troisiéme Chapitre *sur* *Coloss. 3.* *la Priere.* Il n'est qu'un précis de ce qui nous est ordonné par Jesus-Christ & par ses Apôtres. Si j'entreprenois de vous en rapporter tous les textes, ils feroient un plus gros volume que la Régle.

La mortification, l'abstinence, le jeûne & le *Rom. 8.* soin qu'on doit avoir des malades, ordonnés *1. Corint 9.* dans le quatre & le cinquiéme Chapitre, sont en- *Coloss. 3.* core des extraits des Lettres des saints Apôtres.

L'attention de S. Augustin à supprimer dans le sixiéme Chapitre, les regards dangereux, est fondée sur les paroles de Jesus-Christ. *Quiconque aura regardé une femme avec un mauvais desir pour elle, a deja commis l'adultere dans son cœur.* *Matth. 5.*

La correction fraternelle établie dans le septié- *Matth. 18.* me Chapitre, est tirée des expressions de Jesus- *Jacob. 5.* Christ & de ses Apôtres.

S. Augustin fait voir dans le huitiéme Chapitre *Philipp. 2.* l'horreur que les Moines doivent avoir de la pro- *1. Tim. 6.* priété, par la peinture qu'en fait le grand Apôtre.

Le soin qu'il recommande dans le neuviéme Chapitre, pour pourvoir aux besoins des Freres, n'est qu'un précis de la premiere Epitre de S. Jean.

La défense qu'il fait d'avoir des Procès, l'ordre qu'il donne de les terminer au plûtôt, si on

Matth. 5. est forcé d'en avoir, & l'union qu'il recomman-
1. Joan. de entre les Freres, dans le dixiéme Chapitre,
Ephes. 2. Rom. 12. n'est qu'un extrait de ce qui nous est prescrit
1. Petr. 1. par J. C. par S. Jean & par tous les Apôtres.
2. 3. 5. C'est dans la même source que notre S. Docteur a puisé les avis qu'il donne dans l'onziéme Chapitre, aux Supérieurs & aux Inférieurs de ses Monasteres.

Obéissez à vos Conducteurs, & soyez soumis à leur autorité. Car ce sont eux qui veillent pour le bien de vos ames, comme en devant rendre
Hebr. 13. *compte, afin qu'ils s'acquittent de ce devoir avec joie, & non en gémissant, ce qui ne vous seroit point avantageux.*

Paissez le Troupeau, dont vous êtes chargés, veillant sur sa conduite, non par une necessité forcée, mais par une affection toute volontaire,
1. Petr. 5. *qui soit selon Dieu; non par un desir honteux du gain, mais par une charité désinteressée; non en dominant sur l'heritage du Seigneur, mais en vous rendant les modeles du Troupeau, par une vertu qui naisse du fond de votre cœur.*

En effet, le Pasteur doit être encore plus docile que le Troupeau. Il faut, sans doute, être docile pour obéir : mais il faut être encore plus docile pour bien commander. La Sagesse de l'homme ne se trouve que dans la docilité. Le plus sage de tous les Rois demandoit à Dieu
Lib. 3. Reg. *un cœur docile.* Le Supérieur ne doit comman-
cap. 13. der que par soumission aux ordres de Dieu.

Son commandement doit être un acte d'obéissance à J. C. au nom duquel il commande.

C'est pour cela que Jesus-Christ disoit à ses
Luc. 22. Disciples : *Les Rois des-Nations les traitent avec empire ; & ceux qui ont l'autorité sur elles, en sont appellés les Bienfaiteurs. Il n'en sera pas*

de même de vous. Mais que celui qui est le plus grand, devienne comme le moindre, & celui qui gouverne comme celui qui sert.

L'esprit de Dieu est immuable. Il avoit dit, dès l'ancienne alliance : *Vous a-t-on établi pour gouverner les autres? Ne vous élevés point. Vivez parmi eux, comme l'un d'entr'eux. Ayez soin d'eux ; après cela asseyez-vous ; prenez votre place, après que vous vous serez acquitté de tous vos devoirs* : & dites-leur, comme Gédéon : *Faites tout ce que je ferai.* — *Ecclef. 32.*

S. Augustin prend donc de sages précautions, afin que les Supérieurs de ses Monasteres ne s'attirent point les reproches que Dieu faisoit aux Pasteurs d'Israël : ils se paissoient eux-mêmes, sans avoir soin de leur Troupeau. Ils en mangeoient le lait, & se couvroient de sa laine. Ils tuoient les brebis les plus grasses, sans travailler à fortifier celles qui étoient foibles, ni à panser & à guérir celles qui étoient malades, ni à bander les playes de celles qui étoient blessées, ni à relever celles qui étoient tombées, ni à chercher celles qui étoient perduës. Ils se contentoient *de les dominer avec une rigueur severe & pleine d'empire.* — *Judic. 7.* — *Ezechiel. 34.*

Tous les termes de la Régle de ce saint Docteur, ne sont donc par tout qu'un précis des paroles sacrées. *Reprenez ceux qui sont dereglés ; consolez ceux qui ont le cœur abattu ; supportez les foibles ; soyez patiens envers tous. Prenez garde que nul ne rende à un autre le mal pour le mal ; mais soyez toujours prêts à faire du bien à tout le monde.* C'est par tous ces Statuts que S. Augustin prétendoit conserver dans ses Monasteres, l'unité de l'ame & du cœur, qu'il avoit si expressément recommandée dès le commencement de sa Régle. — *1. Thessal. 5.*

1. Corint 3. *Vous êtes à Jesus-Christ*, dit l'Apôtre, *&*
Tract. 110. *Jesus-Christ est à Dieu.* Vous êtes à Jesus-Christ,
in Joan. n. 4. continuë S. Augustin, comme votre Sauveur & votre Rédempteur, & non pas aux Hommes, pour vous attacher à eux, & vous rendre esclaves de leurs sentimens & de leurs intérêts personnels. Jesus-Christ lui-même est à Dieu, & dépend de Dieu son Pere, selon la nature humaine, & en qualité de Médiateur; de sorte qu'en cette qualité, il ne prétend pas nous arrêter à lui seul. Tout son dessein est de nous voir à Dieu son Pere, qui est son souverain Chef, & celui de tous les Fidéles.

Il n'est donc point de Ministres dans l'Eglise, qui puisse prétendre nous attacher à lui & à ses intérêts. Il doit tendre uniquement à nous inspirer l'amour de Dieu & de sa gloire.

C'est sur ce principe que notre saint Docteur ordonne à ses Moines d'honorer leur Supérieur, parce qu'il tient la place de Jesus-Christ dans le Monastere; mais il l'avertit en même-tems d'être lui-même, par une crainte salutaire, prosterné devant Dieu aux pieds de ses inférieurs. *Timore coram Deo substratus sit pedibus vestris.* En un mot, il veut que les Supérieurs de ses Monasteres approchent autant de la simplicité de la colombe, qu'ils ont d'éloignement de la funeste disposition des oiseaux de proïe; qu'ils inspirent à leurs freres à craindre Dieu par amour, plûtôt qu'à l'aimer par crainte; à avoir sans cesse devant les yeux les instructions que l'Apôtre donnoit aux premiers Fidèles : *Vous n'êtes plus à vous-*
1. Corint. 6. *mêmes, car vous avez été achetés d'un grand prix. Glorifiez & portez Dieu dans votre corps..*
2. Corint. 5. *Jesus-Christ est mort pour tous, afin que ceux qui vivent, ne vivent plus pour eux-mêmes, mais pour*

celui qui est mort & ressuscité pour eux; qu'ils leur apprennent que la vertu qui se cache est beaucoup au-dessus du vice prudent & rusé qui se fait des amis; que Dieu seul peut faire un homme Religieux, & que le vice suffit pour faire un Déiste; qu'ils peuvent, comme Samson, trou- *Judic.* 8.
ver un rayon de miel dans la gueule du lion; *1. Mach.* 1.
du feu, comme Nehemie, dans une eau épaisse; & *S. August.*
du raisin sur une vigne, dont les branches s'éten- *Serm.* 3,7.
dent quelquefois au milieu des épines : c'est-à- *n.* 13.
dire, comme le Roi Prophête & le grand Apô- *Serm.* 74. *n.* 4. *Ennarr.*
tre, trouver leur joïe & leur consolation dans *in Psalm.* 8.
le Seigneur, au milieu de leurs amertumes les *n.* 2. 3. *Psal.*
plus ameres; qu'ils doivent enfin mettre toute 93. *Corint.* 7.
leur confiance en Dieu, dans lequel ils trouveront des forces toujours nouvelles; ils prendront *Isaïe* 40.
des aîles, comme l'aigle, ils courront sans se fatiguer, & marcheront sans se lasser.

Enfin, ce saint Docteur termine sa Régle avec le même esprit qui l'avoit commencée. Il exhorte ses Moines à ne pas se regarder comme des esclaves sous la Loi, mais comme des enfans de Dieu, sous la grace de Jesus-Christ, qui les *Joan.* 8.
a mis en liberté, pour participer à la liberté de *Rom.* 8.
la gloire des enfans de Dieu; qu'*où est l'esprit de* 2. *Corint.* 3.
Dieu, là est aussi la liberté; & que nous devons *Galat* 4. *Jacob.* 2.
régler nos paroles & nos actions, comme devant être jugés par la Loi de la liberté. Vous avez *1. Corint.* 7.
été achetés d'un grand prix, ne vous rendez pas les esclaves des Hommes.

Toutes les paroles d'une Régle fondée sur la Doctrine de Jesus-Christ, & *selon la maniere & la régle établie sous les saints Apôtres*, méritoient donc bien d'être conservées dans la mémoire de tous ses Moines. C'est pourquoi S. Augustin suit encore dans le dernier Chapitre de sa Régle, l'exemple du Prince des Apôtres:

2. Petr. 1. *J'aurai soin que, même après ma mort, vous puissiez vous remettre ces choses en mémoire.* Notre saint Docteur ordonne donc à ses Moines de lire sa Régle toutes les semaines; & que s'ils ont pratiqué tout ce qu'elle commande, ils en rendent graces à Dieu, Auteur de tout bien; & que s'ils ont manqué en quelque chose, ils se repentent du passé, & soient plus attentifs à l'avenir; qu'ils prient le Seigneur de leur pardonner, & de ne pas permettre qu'ils succombent à la tentation. Ainsi soit-il.

L'AVOCAT.

4. Preuv. Je ne suis point étonné maintenant que S. Possidе dise que S. Augustin & ses Moines vivoient *selon la maniere & la régle établie sous les saints Apôtres.* La Régle de ce saint Docteur, depuis le commencement jusqu'à la fin, n'est qu'un précis de leur Doctrine & de leurs expressions, pour ceux qui tendroient à la pratique des conseils évangéliques.

Mais ce qui me surprend, c'est qu'il n'en ait fait aucune mention dans ses Ouvrages, pas même dans les deux Livres où il en a fait la révision.

L'AUGUSTIN.

Vous connoissez assez S. Augustin, Monsieur, pour me rendre votre surprise surprenante. Ce saint Docteur n'a fait mention dans la revuë de ses Ouvrages, que de ceux dont il vouloit faciliter l'intelligence, en marquant le tems, l'occasion & les motifs qui l'avoient porté à les composer. Or le tems, l'occasion & les motifs qui déterminérent S. Augustin à donner sa Régle à ses Moines, sont trop sensibles pour qu'ils dussent trouver place dans la revuë de ses Ouvrages.

vrages. Il s'est conduit de la même façon pour l'extension qu'il en a faite aux Religieuses qu'il avoit établies ; ainsi son silence est une simple preuve de sa sagesse & de sa modestie.

L'AVOCAT.

La différence qu'il y a, c'est qu'on n'a jamais douté de l'autenticité de la Lettre dans laquelle S. Augustin donne sa Régle à ses Religieuses ; & qu'on révoque encore aujourd'hui en doute l'autenticité de la Régle que vous prétentendez avoir été primitivement faite pour ses Moines.

L'AUGUSTIN.

Un homme sensé peut-il penser que S. Augustin, le Disciple & le Docteur de l'amour de Dieu, eût donné une Régle à des Religieux & à des Religieuses, sans y faire une mention expresse du précepte de l'amour de Dieu, qui est le *premier & le plus grand commandement, dans lequel sont renfermés toute la Loi & les Prophêtes* ? 5. Preuve.

Lisez sa Régle à ses Moines. C'est par le précepte de l'amour de Dieu & du Prochain qu'elle commence. *Ante omnia, fratres charissimi, diligatur Deus, deinde proximus, quia ista præcepta sunt principaliter nobis data. Hæc igitur sunt, quæ ut observetis, præcipimus in Monasterio constituti. Primùm propter quod in unum estis congregati, ut unanimes habitetis in domo, & sit vobis anima una & cor unum in Deo.*

Ne voyez-vous pas, Monsieur, la connexion qui se trouve entre le premier précepte & les moyens prescrits par S. Augustin, pour conduire ses Moines à l'observation de ce précepte. La fin & les moyens sont unis ; si vous les séparez, la Régle de S. Augustin est imparfaite. 6. Preuve.

Lisons maintenant la Lettre dans laquelle ce

ſaint Docteur communique à ſes Religieuſes la Régle qu'il avoit donnée à ſes Moines trente-cinq ans auparavant. Elle commence ainſi : *Hæc ſunt, quæ ut obſervetis, præcipimus in Monaſterio conſtitutæ*. Ces prémices ne vous paroiſſent-elles pas froides & glacées ? Y reconnoiſſez-vous la douceur & la charité compatiſſante de S. Auguſtin, qui ne daigne pas même les appeller ni ſes filles, ni ſes ſœurs ? N'eſt-il pas évident que c'eſt à deſſein qu'il a retranché les premieres paroles de la Régle qu'il avoit donnée à ſes Moines, pour leur marquer d'une maniere ſenſible & frapante combien il étoit touché des diſputes & des conteſtations qui s'étoient élevées parmi elles, & ſur-tout de leur rebellion contre leur Supérieure ? Elles demandent ſa preſence & il la leur refuſe, quoique leur Monaſtere ne fût point éloigné de ſa Maiſon épiſcopale. Il prend *Dieu à témoin*, comme S. Paul, que c'eſt *pour les épargner* & pour ſe préſerver lui-même de nouveaux chagrins, qu'il ne va point dans leur Monaſtere. Il leur déclare qu'il leur eſt plus avantageux qu'il répande pour elles ſon cœur devant Dieu, & qu'il traite en ſa preſence leur cauſe par ſes gémiſſemens & par ſes larmes, que de s'expoſer à les entendre. En un mot, c'eſt pour les *attriſter ſelon Dieu* pour un peu de tems, de maniere que leur *triſteſſe les porte à la pénitence*, qu'il refuſe de les voir, & même de leur parler du précepte de l'amour de Dieu & du Prochain, qu'elles n'ignoroient pas ſans doute être à la tête de la Régle de ſes Moines, dont il leur donnoit la communication, en changeant ſeulement ce qui convenoit à leur ſexe.

Epiſt. 211. ad Sanctim. an. 423. an. 388.

2. Corint. 1.

Ibid. 7.

Peut-on imaginer un ſilence plus éloquent, plus humiliant, & en même-tems plus avantageux à ses Religieuses, puisqu'il leur causa une *tristesse selon Dieu*, qui produisit pour leur salut *une pénitence stable*? Vous voyez donc, Monsieur, que ce ne sont point les Moines de S. Augustin, qui se sont adaptés la Régle qu'il avoit donnée à ses Religieuses; mais que dans le tems de la paix, on a adopté à ses Religieuses les premieres paroles de la Régle qu'il avoit donnée trente-cinq ans auparavant à ses Moines, & dont il ne les avoit privées que dans le tems de leur division. 7. *Preuve.*

D'ailleurs, y a-t-il la moindre apparence que la Régle de S. Augustin ait été faite à dessein & primitivement pour des Religieuses, qui étoient mécontentes de leur Supérieure, & qui en demandoient le changement? N'a-t-elle pas été adoptée dans son intégrité par plus de cinquante Ordres célébres de l'un & l'autre sexe, dont les Membres étoient bien soumis & bien satisfaits de leurs Supérieurs? On ne peut donc pas dire, sans blesser le sens commun & l'expérience, que la Régle de S. Augustin a été primitivement faite pour des Religieuses. 8. *Preuve.*

Un homme exempt de préjugés énormes, peut-il concevoir que les Disciples d'un si grand Maître, que les Enfans d'un Pere si éclairé, que les Membres d'un Chef si parfait, que les Soldats d'un Capitaine si expérimenté, que les Moines d'un Instituteur si rempli de l'amour de Dieu & du Prochain, l'ayent enseigné, l'ayent instruit, l'ayent dirigé, l'ayent conduit, & ayent appris à toute la terre, que leur Maître, leur Pere, leur Chef, leur Capitaine & leur Instituteur, devoit mettre à la tête de sa Régle le précepte de l'amour de Dieu & du Prochain; & qu'ils l'aye substitué pour supléer à son igno- 9. *Preuve.* *Bulle de Jean 22. an. 1326.*

rance ou à sa négligence ? La premiere idée d'une telle imagination ne cause-t-elle pas à tout homme judicieux de l'horreur & de l'indignation ?

10. *Preuve.* Est-il quelqu'un qui ne reconnoisse pas le style, l'esprit & le cœur de S. Augustin, dans le commencement de sa Régle à ses Moines ? Ne voit-on pas aisément la liaison qui se trouve entre le précepte par lequel il commence sa Régle, & les moyens qu'il établit pour conduire ses Freres a l'exacte observation de ce premier précepte, *dans lequel toute la Loi & les Prophêtes sont renfermés* ?

11. *Preuve.* Le Manuscrit qui est entre les mains des R R. P P. Bénédictins, & qui portoit il y a près d'un siécle, plus de mille ans, n'est-il pas une preuve authentique, que la Régle de Saint Augustin a été faite primitivement pour ses Moines ? Lisez ce Titre : *Regula ad servos Dei.* La république des Hommes de Lettres ne leur a-t-elle pas obligation d'avoir rendu justice, & d'avoir reconnu, non-seulement que S. Augustin a été Moine & l'Instituteur des Moines ; mais encore d'avoir placé sa Régle pour ses Moines, parmi ses véritables ouvrages.

L'AVOCAT.

Les sçavans Peres Bénédictins ne sont pas, du moins pour la Régle de S. Augustin à ses Moines, si favorables que vous le pensez, à vos prétentions. Ils conviennent, à la vérité, du Monachisme de S. Augustin ; mais ils ne se sont pas déclarés pour l'autenticité de votre Régle. Ils citent même plusieurs autorités qui vous sont très-contraires. Que répondrez-vous à Bernard Vindingus & à Prosper Stellartius, qui avouent que la Régle de S. Augustin a été faite primitivement pour des Religieuses, & que vous

vous l'êtes adaptée? Vous voyez donc, mon Révérend Pere que vous mettez la division, par votre sentiment, dans le Camp d'Israel. Vos Moines ne pensent pas comme vous. Prétendez-vous que les sçavans Peres Bénédictins entrent dans vos idées, sur-tout quand elles sont combattues par vos Moines? Vous leur avez assurément obligation, mais c'est d'avoir laissé cette contestation indécise. Ils croyent que ces paroles: *Ante omnia, fratres carissimi, diligatur Deus, deinde proximus*, ont été tirées d'une seconde Régle de S. Augustin.

L'AUGUSTIN.

Vous avez, Monsieur, appris de S. Augustin, qu'on peut cacher la vérité, mais qu'on ne peut en triompher. *Occultari potest ad tempus veritas, vinci non potest.* Que ce n'est point l'avantage d'un homme de triompher d'un autre homme; mais qu'il est avantageux à l'homme de se laisser triompher par la vérité; parce que ce séroit un mal qu'elle en triomphât contre son inclination. *Non enim bonum est homini hominem vincere, sed bonum est homini, ut eum veritas vincat volentem, quia malum est homini, ut eum vincat veritas invitum.* Vous ai-je, Monsieur, dissimulé que la question que nous agitons, a partagé les Sçavans, sans jamais se donner la peine de l'approfondir? Je ne vous demande qu'un peu d'attention aux preuves que je vous ai fournies, & de les mettre avec les raisonnemens opposés dans une balance, & d'examiner lequel des deux bassins se trouvera chargé d'un plus grand poids.

In Psalm. 61. n. 16. Epist. 238. n. 29.

1°. Les sçavans Peres Bénédictins ne disent pas que ces paroles: *Ante omnia, fratres carissimi, diligatur Deus, deinde proximus, &c.* ont

été tirées d'une seconde Régle de S. Augustin; mais que ces deux Régles étoient réünies en un même corps. Leur équité néanmoins & leur érudition ne leur ont pas permis, en mettant la seconde Régle parmi les livres apocryphes, de ne pas reconnoître la Régle, qui avoit été primitivement faite pour ses Moines, & de la placer parmi les vrais ouvrages de S. Augustin. N'est-ce pas cette Régle-là même, qui engageoit saint
12. *Preuve.* Benoît, qui n'a vêcu qu'un siécle après notre saint Docteur, a le *regarder comme son Maître*, & à le proposer *à ses Disciples comme leur Pere?*

2°. Quoique je ne pense pas sur l'autenticité de la Régle de S. Augustin, comme quelques-
Epist ad S. August. Rom. 14. uns de nos Sçavans, je ne mets point la division dans le Camp d'Israël. Cette question est du nombre de celles où S. Jerôme, autorisé du grand Apôtre, prétend qu'il est fort libre de penser, *selon qu'on est pleinement persuadé dans son esprit. Unus quisque in suo sensu abundet.*

3°. Toutes les difficultés qu'on peut proposer contre l'autenticité de la Régle de S. Au-
13. *Preuve.* gustin, à ses Moines, se trouvent dissipées par les termes mêmes de la Régle. Lisons le Chapitre neuviéme; S. Augustin ordonne d'aller tous les jours à la Bibliothéque pour y faire la lecture des Livres dont on a besoin, & défend d'en donner à ceux qui en demanderoient hors le tems prescrit.

Cap. 9. *Codices certâ horâ singulis diebus petantur, extra horam qui petierit, non accipiat.* Ce Statut convient parfaitement à des Religieux. Mais n'est-il pas évident, qu'il n'a point été primitivement fait pour des Religieuses, & que S. Augustin ne l'a conservé dans la communication qu'il leur a faite de la Régle pour ses Moines, que pour garder l'unanimité entre tous ses Enfans?

L' AVOCAT.

Est-il probable que S. Augustin, encore tout jeune, Professeur d'éloquence à Carthage, à Rome & a Milan, sçavant & expérimenté dans la spiritualité, à l'âge de soixante-neuf ans, n'eût pas composé exprès une nouvelle Régle pour les Religieuses qu'il avoit établies, & qui convint uniquement à leur sexe?

L'an [illegible]7[illegible] *L'an* [illegible]8. *L'an* 387. *L'an* 423

L' AUGUSTIN.

Representez-vous, Monsieur, les occupations continuelles de S. Augustin, souvent obligé de quitter des ouvrages commencés, pour satisfaire à des personnes qui en exigeoient d'autres, qui demandoient célérité. Ne sçavez-vous pas qu'à l'âge de soixante-treize ou quatorze ans, il travailloit le jour à la revûe de ses ouvrages, & qu'il employoit la nuit à en composer de nouveaux contre Julien d'Eclane? D'ailleurs ce saint Docteur vouloit peut-être, comme les autres Instituteurs des Ordres religieux qui l'ont suivi, conserver le même esprit & les mêmes Régles pour ses Enfans de l'un & de l'autre Sexe.

L' AVOCAT.

Si S. Augustin a fait d'abord sa Regle pour ses Moines, fixez donc le tems, qu'il la leur a donnée. Son Livre du travail des Moines, ne porte-t-il aucun préjudice à vos prétentions?

L' AUGUSTIN.

Avez-vous Monsieur, oublié que S. Possíde l'a fixé, lorsqu'il a dit que S. Augustin vécut, étant Prêtre, avec ses Moines d'Hyppone, comme il avoit vécu dans son Monastere de Tagaste: *Selon la maniere & la regle établie sous les saints Apôtres*, pour les Fidéles qui tendroient à la pratique des conseils évangéliques? N'êtes-vous pas convenu que S. Posside avoit en vuë la Régle de S. Augustin, qui est un précis de la Doctrine de Jesus-Christ, annoncée par les saints Apôtres ? On ne peut donc pas douter que S. Augustin ne fût encore Laïque, quand il donna à Tagaste sa Régle à ses Moines l'an 388.

14. *Preuve.* Voulez-vous encore une nouvelle preuve de l'autenticité de cette Régle ? Vous la trouverez dans la Régle même. S. Augustin y ordonne qu'on punisse celui qui auroit reçu en secret
Cap 7. des lettres ou de petits presens, *selon la vo-*
Cap. 11. *lonté du Prêtre ou du Superieur.* Il veut qu'on *obéïsse au Superieur comme à son Pere ; mais beaucoup plus au Prêtre qui avoit soin d'eux.* Ne voit-on pas clairement que S. Augustin, qui depuis l'instant de sa Conversion
Matth. 11. avoit appris de Jesus-Christ à être *doux & hum-*
1. *Petr.* 5. *ble de cœur*, ne vouloit point *dominer sur l'héritage du Seigneur*; & qu'il préféroit à son sentiment, celui du Prêtre qui dirigeoit sa conscience & celle de ses Freres ?

Les contestations élevées dans notre Monastére de Tagaste, ne peuvent porter préjudice à notre sentiment; parce que S. Augustin, dans sa Régle, ne parle point du travail des mains, ni de la façon de couper les Cheveux. Il n'avoit en vuë que d'attacher les cœurs à Dieu.

C'est ce qui l'obligea d'y suppléer par son Livre du travail des Moines. Quoiqu'il n'ait été
Libr. 2. retract. cap. 21. occasionné que par les Freres, *inferioris propositi*, il seroit à souhaiter qu'on le lût toutes les semaines dans ses Monasteres, comme on y lit sa Régle.

L'AVOCAT.

Votre examen critique m'avoit d'abord effrayé ; mais je conviens, de bonne-foi, qu'il étoit nécessaire pour me convaincre que saint Augustin a été Moine, & qu'il est votre Instituteur & votre Pere. Vous m'avez encore fait grand plaisir de démontrer, que bien loin de vous être adapté la Régle qu'il donna à ses Religieuses, ce sont elles-mêmes, qui, dans la paix, se sont appropriées les premieres paroles de votre Régle, dont S. Augustin crut devoir les priver dans le tems de leur division : ce qui en effet produisit l'heureux changement qu'il attendoit.

Mais vous m'avez encore promis de me faire reconnoître par un caractere distinctif, les vrais Enfans de S. Augustin. Je vous somme de votre parole, mon Révérend Pere ; c'est par-là que nous finirons nos Conférences.

SEPTIE'ME ENTRETIEN.

Sur le Caractere distinctif des Enfans de Saint Augustin.

L'AVOCAT.

L'engagement que vous avez contracté me paroît singulier. Je ne doute pas néanmoins que vous ne le remplissiez. Mais je n'ai pas la vuë assez perçante pour voir sur quoi vous prétendez établir le caractere distinctif des vrais enfans de S. Augustin.

L'AUGUSTIN.

Je vais, Monsieur, l'établir sur un fondement solide & inébranlable. N'avez-vous pas reconnu la justice & la sagesse de Salomon dans

Lib. 3 Reg. cap. 3. le Jugement qu'il rendit sur la contestation de deux Femmes qui se disoient Meres d'un Enfant ?

L'AVOCAT.

Oui, sans doute, j'ai reconnu sa justice & sa sagesse. Il ne s'est, jusqu'à present, trouvé personne qui en ait douté. Mais quelle connexion y a-t-il entre le Jugement de Salomon, sur la contestation de ces deux Femmes, & le caractere distinctif des vrais Enfans de Saint Augustin ?

L'AUGUSTIN.

Salomon reconnut la Mere de l'Enfant par la tendresse qu'il remarqua dans celle dont les entrailles furent émues, lorsqu'il ordonna de le couper en deux, & d'en donner la moitié à l'une & la moitié à l'autre. Elle supplia le Roi de ne pas tuer l'Enfant, & de le donner vivant à sa Rivale. C'est par ce caractere de Mere, que Salomon lui fit rendre son Enfant.

C'est aussi, Monsieur, par le zéle singulier des Augustins pour S. Augustin, leur Instituteur & leur Pere, & pour la défense de sa Doctrine, & par les Décisions des Souverains Pontifes, qui les ont rendus dépositaires des Reliques de saint Augustin & de sainte Monique, comme leurs Enfans & leurs Héritiers naturels, que je vous ferai voir leur caractere distinctif, & l'harmonie qui se trouve entre le Jugement de Salomon, & celui des Souverains Pontifes.

L'AVOCAT.

Les Souverains Pontifes ne s'attribuent pas à eux-mêmes le pouvoir de juger infailliblement sur ces sortes de faits. Il faut donc, pour me convaincre de votre caractere distinctif, que vous me fassiez voir que vous avez eu plus de zéle, pour défendre S. Augustin & sa Doctrine, que les cinquante-quatre Ordres célébres qui ont embrassé sa Régle.

L'AUGUSTIN.

Il ne sera pas difficile de vous satisfaire depuis la fin du cinquiéme siécle jusqu'à present. Vous avez déja été témoin du zéle de S. Posside, Evêque de Calame. Il assista notre saint Docteur dans sa derniere maladie. Il a fait en trente-un Chapitres l'abregé de sa vie, des grands exemples qu'il donna; des fruits merveilleux qu'il produisit dans toute l'Afrique; des victoires qu'il remporta sur tous les ennemis de l'Eglise, & des Miracles que Dieu opéra par son ministere: & il nous a enfin laissé le Catalogue de ses Ouvrages.

Vita sanct. August. cap. 29.

Après S. Posside, puis-je, Monsieur, vous presenter, par l'ordre des tems, un Enfant plus digne de S. Augustin que S. Gelase. Il avoit été élevé dans un Monastere de notre saint Docteur. Il fut exilé avec un grand nombre de ses Confreres, par Giseric, Roi des Wandales, près de Naples, où il persévéra avec eux dans la pratique des devoirs monastiques. Il fut ensuite appellé à Rome, où il donna tant de preuves de ses vertus & de son mérite, qu'il fût élu Pape avec l'applaudissement universel du Clergé & du Peuple.

Liberat. Carthag. in breviar.

Ce Pontife marcha sur les traçes de son Pere. Il combattit efficacement les Manichéens, les Nestoriens, les Eutichiens & les Pélagiens, qui trouvoient encore des Partisans dans la Marche d'Ancône. Il fit contr'eux plusieurs Ouvrages, qui sont autant d'extraits de la Doctrine de S. Augustin. Il réprima l'audace des Novateurs, qui prétendoient se dispenser d'y acquiescer; & il donna une approbation solemnelle à ses Ouvrages dans un Concile qu'il tint à Rome, où il fit le Catalogue des Livres sacrés, &c.

Ses Lettres à Euphemius, Evêque de Constantinople, à l'Empereur Anastase, aux Evêques d'Illyrie de Dardanie, de Lucanie, &c. sont des monumens de son zele pour la conservation du sacré dépôt de la Foi. La sainteté de sa vie assuroit le succès de ses entreprises. Avec quelle force fit-il comprendre aux Sénateurs Romains, que l'ancienne superstition des Jeux nommés Lupercales, étoit entiérement opposée aux principes de la Religion? Quoiqu'il élevât beaucoup en toutes occasions, & sur tout envers l'Empereur, la puissance Ecclésiastique & l'autorité du S. Siége; il ne regardoit pas sa dignité comme une domination, mais comme une servitude.

Dionis. exig. Præfat. in collect. Decretal.

L'oraison, l'étude & les entretiens avec les Hommes vertueux faisoient ses délices. Il fuïoit la bonne-chere & l'oisiveté. Son plaisir étoit de soulager les Pauvres & de les servir de ses mains. Il appella plusieurs de nos Moines, qui vivoient dans la solitude, pour les placer dans l'Eglise de Latran; mais il ne perdoit point de vûë la conduite de S. Augustin: & malgré les remontrances des Evêques & les pressans besoins de l'Eglise, il ne permettoit point qu'on les élevât au Sacerdoce, qu'après une année entiere & les épreuves convenables. Il fut enfin si libéral envers les Pauvres, qu'il mourut, comme Saint Augustin, dans l'indigence.

Saint Fulgence ne participa pas moins, que ce Pontife, à l'ignominie de J. C. Il seroit ennuyeux de vous faire le détail de tous les outrages qu'on lui fit en Afrique. Il en fut banni par Trasimond

Noris Lib. 2 Hist. Pelag. Cap. 17. 18. 19. 20. 21. 24.

Roy des Wandales, avec soixante Evêques & une infinité de Moines, & transporté dans l'Isle de Sardaigne. Il n'emporta pour toutes richesses, que les Reliques de S. Augustin, qui y restérent deux cens quatorze ans. Il avoit été, comme son S. Patriarche, consacré Evêque contre son gré. Dieu le permit ainsi dans sa miséricorde; car il fut l'ame & la plume des Evêques exilés à Sardaigne. Ils ne se contérent pas d'approuver les sentimens de S. Augustin sur le péché originel & sur la grace de J. C. Ils les mirent parmi les Articles de la Foi. Il est aisé de voir que ce grand Homme n'avoit avec S. Augustin qu'une ame & qu'un cœur; tant par son zéle & sa patience dans le support des injures les plus outrageantes, dont il ne voulut aucune satisfaction, que par ses Ouvrages, & sur tout par son *Livre de la foi à Pierre*, qui est si conforme à la Doctrine de notre S. Docteur, qu'on l'avoit inséré dans ses Volumes.

Je pourrois ajoûter qu'il le regarda comme son modele, jusqu'au moment de la mort. Il conserva toujours la simplicité de ses Habits blancs & noirs; & sa Ceinture de cuir noir, qu'il ne quitta jamais pour dormir, ni même pour célébrer Pontificalement les saints Mystéres; disant que pour une action si sainte, *c'étoit le cœur qu'il falloit changer & non pas les habits*.

Henri Livre 10. n. 38. 60. 61.

Nous trouverons encore le même esprit dans Gilles de Rome, Archevêque de Bourges; Grégoire de Rimini, Gilles de Viterbe, Alexandre de Oliva, & Bonaventure de Pavie, tous revêtus de la Pourpre Romaine; leur lumiere étoit si éclatante qu'elle dissipoit tous les nuages. La Doctrine de S. Augustin étoit alors par tout triomphante.

Mais la piété de ses Enfans ne fut pas moins utile à l'Eglise que leur science. Eugene IV. & ses Successeurs ont reconnu, que c'étoit aux mérites & à l'intercession de saint Nicolas de Tolentin, que l'Eglise devoit la réunion des Grecs; & l'extinction du schisme, qui depuis si long-tems tendoit à déchirer la Robe sacrée de J. C.

Les merveilles que Dieu a opérées par les mérites de saint Jean de Sahagun, remplissent encore d'admiration l'Espagne & le Pérou, qui l'a choisi pour son Protecteur auprès de Dieu.

Saint Thomas de Villeneuve, Archevêque de Valence, a fait tant de fois l'éloge de saint Augustin, & d'une façon si tendre & si respectueuse, qu'on ne peut pas ne le point reconnoître pour un de ses Enfans. Comme tous les Astres brillent par la lumiere du Soleil; de même, disoit-il, tous les Docteurs qui ont paru depuis saint Augustin, on reçu de lui la lumiere de la sagesse, qu'il n'avoit point tirée des hommes, mais que Dieu lui avoit communiquée. Les Saints se sont distingués dans l'Eglise par différentes vertus; les uns par la dévotion, les autres par la pauvreté; quelques-uns par l'humilité, quelques-autres par l'ardeur de leur charité; ceux-ci par la profondeur de leur érudition, ceux-là par le don des Miracles: mais saint Augustin seul a été comblé de toutes ces graces, & a paru un Homme presque divin.

Contion 1. de S. August

Ses Enfans ne marquoient point en France moins de zéle pour la Doctrine de leur Pere, qu'en Afrique, en Espagne & en Italie. Quelle fut la vénération pour les sentimens de ce saint Docteur, singulierement à Roüen dans le 15 & 16e. siécle; lors que Matthieu Silvestri, Jean Fabri,

Robert Clement, Toussaint Varin, Nicolas de Coquinovillari, & Jean de la Massonnais; les uns Evêques d'Hyppone, les autres Archevêques de Tessalonique, &c. & Suffragans de nos Seigneurs les Archevêques de Rouen, gouvernoient avec édification ce grand Diocèse. La Doctrine de saint Augustin ne trouvoit point alors de Contradicteurs.

N'avez-vous pas, Monsieur, remarqué, en lisant l'Histoire Ecclésiastique, que Jerôme Seripand, Général des Augustins, Cardinal, Légat Apostolique, & l'un des Présidens du Concile de Trente ne fut pas l'un des derniers qui crût qu'il seroit avantageux de faire passer, comme au second Concile d'Oranges, les sentimens & les expressions de saint Augustin dans les Chapitres & même dans les Canons de ce S. Concile?

Je trouve à l'instant sous mes yeux quantité de Sçavans, qui prétendent que tous les Monasteres, qui dans le cinquiéme siécle ont produit dans l'Occident des Hommes distingués par leur piété & par leur érudition, étoient Augustiniens & professoient la Régle de saint Augustin. Lisez Jean Marquez, Docteur de Salamanque, & parfaitement instruit de l'Histoire sacrée & prophane; Crusenius dans son Monasticon; Herrera dans son Alphabet Augustinien, & Torellus, Docteur en Théologie & Prédicateur d'un grand nom dans toute l'Italie.

Mais le Cardinal de Noris, zélé pour la défense de la vérité, n'approuve point cette généralité, à laquelle nos Confreres ne donnent point de bornes; il se contente de revendiquer dès ce tems-là à l'Ordre de saint Augustin plusieurs Monasteres célébres. En effet, est-il convenable qu'un Ordre que Dieu a répandu sur toute la terre,

& dont plus de cinquante-quatre Ordres célébres ont embrassé la Régle, s'expose au danger d'usurper ou de s'approprier un seul Monastere étranger ?

Ne nous est-il pas plus avantageux que saint François d'Assise ait vécu près de deux ans dans notre Solitude de Cesene, qu'il ait appris les exercices de la vie Monastique, & qu'il ne l'ait quittée que pour devenir, par l'inspiration de Dieu, l'Instituteur de l'Ordre célébre des Freres Mineurs ?

L'AVOCAT.

Avez-vous, mon Révérend Pere, de bonnes preuves de ce dernier trait ? Il me paroît singulier. Je n'en ai jamais entendu parler.

L'AUGUSTIN.

La preuve est sous mes mains, comme de tout ce que j'ai avancé jusqu'à present. Lisez, Monsieur, *solvit calceamenta de pedibus, deponit baculum, unâque contentus tunicâ, rejectâ corrigiâ, pro cingulo funem sumit.* C'est saint Bonaventure qui parle ainsi dans la Vie de son saint Patriarche, Chap. 3. Il n'est point suspect. Il seroit donc inutile de citer des Auteurs externes. Remarquez seulement que la Ceinture de Cuir noir que saint Ambroise donna à saint Augustin après le Batême, est de l'essence de notre Habit. Vous sçavez que dès cet instant notre saint Docteur s'étoit consacré au service de Dieu, & dévoué à la vie Monastique.

L'AVOCAT.

Si saint François d'Assise a appris les exercices de la vie monastique dans l'une de vos Solitudes, vous n'étiez donc pas encore établis dans les Villes ?

L'AU-

L'AUGUSTIN.

Nous n'avons depuis la persécution des Wandales, commencé à vivre dans les Villes, que sous le Pontificat d'Innocent IV. Ce Pape ordonna en 1252, qu'en faisant Profession, nous promettrions l'obéissance au Prieur général des Freres Hermites de saint Augustin, & à ses Successeurs canoniquement élus ; parce qu'auparavant nous ne promettions, étant dispersés, l'obéissance qu'à nos Supérieurs locaux. C'est donc ce Pontife qui nous fit quitter nos Solitudes, pour nous placer dans les Villes, où il nous croyoit alors utiles pour les besoins de l'Eglise.

L'AVOCAT.

Saint Augustin est mort l'an 430 ; vous avez donc été Hermites plus de huit cens ans ? Avez-vous des preuves solides de votre Succession immédiate & non interrompuë depuis un si grand nombre d'années ?

L'AUGUSTIN.

La Bulle d'Innocent IV. qui indique l'Assemblée de tous les Hermites de saint Augustin pour élire un Général, auquel ils fussent tous soumis, n'est-elle pas une preuve de notre succession immédiate & non interrompuë ? Un si grand nombre d'Hermites Augustiniens fut-il formé dans un instant ? Les sentimens d'estime que Sa Sainteté marqua au R. P. Lanfranc, qui fut chargé de la conduite de tous ses Freres, & dans lequel Elle reconnut, par sa façon de gouverner humble, charitable & modeste, l'esprit de saint Augustin, vous permettent-ils d'en douter ?

Mais comme je sçais, Monsieur, que vous êtes du nombre de ces hommes qui ne se rendent point aisément, & qui demanderent le siécle suivant de nouvelles preuves ; c'est le Pape

2. *Preuve.* Jean XXII. qui va vous les donner, après un examen judiciaire de notre établissement & de notre succession immédiate & non interrompuë, fait en presence des Cardinaux, des Prélats & des Théologiens convoqués à ce sujet.

Ce ne fut qu'après cet examen exact & rigoureux, que ce Pontife donna sa Bulle, qui commence par ces paroles : *Veneranda sanctorum Patrum Doctorum Ecclesiæ vita promeruit*, datée du 20 Janvier 1326, par laquelle il prononce, qu'il convient que nous bâtissions un Monastere contigu à l'Eglise de saint Pierre-au-Ciel-doré, afin que nous soyons unis à Dieu & à saint Augustin, comme *les Membres à leur Chef, les Enfans à leur Pere, les Disciples à leur Maître, & les Soldats à leur Capitaine.* Il s'adresse dans la même Bulle à nos Religieux, & leur dit qu'il a ainsi décidé ; afin qu'appuyés sur l'autorité du Siége Apostolique, vous vous réjouissiez & vaquiez au Service de Dieu & à la Psalmodie avec plus de ferveur, là où vous verrez *les Ossemens de votre Chef, Pere, Maître & Capitaine ensevelis.*

Le Pape pouvoit-il, Monsieur, se servir de termes plus clairs & plus énergiques, pour vous convaincre, qu'il n'avoit rien oublié, pour s'assurer de notre succession immédiate & non interrompuë, & que nous sommes véritablement les Enfans de saint Augustin ?

Mais je ne veux pas encore en demeurer-là. L'abondance de notre droit vous forcera peut-être à nous rendre justice à l'avenir.

3. *Preuve.* Martin V. donna une nouvelle autorité à la Bulle de Jean XXII. par celle qu'il promulgua le siécle suivant, le 27 Avril 1427, où il permet aux Augustins la translation des Reliques de

ſainte Monique, d'Oſtie où elles réſidoient depuis mil quarante ans, dans une de leurs Egliſes de Rome. Ce Pontife orna la Cérémonie par un diſcours, où il fait l'éloge de la Mere & du Fils, & félicite les Enfans de l'un & de l'autre, d'avoit leurs Reliques à Pavie & à Rome. *Qu'il vous eſt glorieux*, leur dit ce grand Pape, *d'avoir ſaint Auguſtin pour Chef & pour Pere! Recevez la Mere avec le Fils, & le Fils avec la Mere. Profitez de la protection de l'un & de l'autre. Tranſmettez à la poſtérité la ſolemnité de cette Fête. Racontez à vos deſcendans les Miracles que Dieu vient d'opérer par l'interceſſion de Ste Monique.* Il en fait l'énumération, & continuë: *Que votre Inſtitut plaiſe à tous les hommes, qu'ils le loüent & qu'ils l'embraſſent. Dieu n'abandonnera point des Religieux à qui il vient de faire de ſi grands dons. Il n'abandonnera point des Enfans qui ont des Parens ſi diſtingués. Donnez à toute la terre de grands exemples; afin que Dieu ſoit glorifié & que votre Ordre devienne tous les jours plus célebre.... Sainte Monique ſe réjouira d'être au milieu de ſes Enfans.*

L'AVOCAT.

Il eſt vrai que vous avez produit les Pieces de votre établiſſement & de votre ſucceſſion immédiate & non interrompuë. Il eſt encore vrai, qu'après l'examen de vos Titres fait dans le Conſiſtoire, Innocent IV. Jean XXII. & Martin V. vous ont reconnus pour les vrais Enfans de ſaint Auguſtin & de ſainte Monique. Mais leur déciſion, quoique réïtérée, en trois ſiécles differens, ſur ces ſortes de faits, eſt-elle infaillible? Vous avez à la vérité démontré que ſaint Auguſtin a été Moine, & l'Inſtituteur des Moines en Afrique. J'en ſuis convaincu, & je le publierai par tout. Mais je ne vois point les Pieces que vous avez produites, particulierement dans le Consistoire de Jean XXII. Je m'en tiens donc à votre zéle pour saint Augustin & pour la défense de sa Doctrine, qui est véritablement votre caractere distinctif.

L'AUGUSTIN.

Pouvez-vous, Monsieur, après des autorités si respectables & si authentiques, conserver encore le moindre doute sur notre succession immédiate & non interrompuë ? Vous êtes donc
Joan. 20. comme saint Thomas ? Vous ne croyez pas à moins que vous ne voyez & que vous ne touchiez ? Hé bien, Monsieur, lisez le P. Lupus,
4. *Preuve.* *sur l'origine des Hermites de saint Augustin.* Il en donne des preuves de siécle en siécle, & des preuves variées & multipliées, & quelquefois si juridiques, qu'il ne vous sera pas possible de vous y refuser. Le voici.

L'AVOCAT.

Je le lirai volontiers à mes momens dérobés. Mais continuez à me faire voir le zéle de vos Moines pour la défense de la Doctrine de saint Augustin.

L'AUGUSTIN.

On n'a commencé à la combattre de front que sur la fin du seiziéme siécle. Louis des Anges fit, pour imposer silence aux nouveaux Théologiens, un Recueil des Eloges que les Peres, les Papes & les Conciles ont fait de la Doctrine de saint Augustin.

Basile Ponce marcha sur ses traces, & fit voir une conformité si parfaite entre l'Ecriture, la Tradition & les sentimens de saint Augustin, que la faculté de Théologie de Salamanque fit un Décret, qui obligea tous les Licenciés, qui recevroient le Bonnet de Docteur, à les suivre.

Rivius & Charles Moreau, ne défendirent point avec moins de zéle la Doctrine de leur Pere. Leurs sçavans Ouvrages en sont des preuves éclatantes.

Chrétien Lupus, qui en a tant donné de la profondeur de son érudition dans ses Volumes sur les Décrets des Papes, les Canons des Conciles, & sur tout dans son Traité sur les Appels de l'Eglise d'Orient, de l'Eglise d'Afrique, & de l'Eglise Gallicane au saint Siége, ne quitta Rome qu'après avoir obtenu d'Alexandre VII. un Bref, où il faisoit l'éloge de la Doctrine de saint Augustin, & qui occasionna dans la sacrée Faculté de Louvain, le même Décret qui avoit été fait dans celle de Salamanque.

Vous avez vu de nos jours les dangers auxquels s'exposa le Cardinal de Noris, pour avoir fait les Vengeances Augustiniennes. La justice de sa cause lui fit trouver de puissans appuis dans Clément X. Innocent XI. Alexandre VIII. Innocent XII. & Benoît XIV. actuellement régnant, n'a pas marqué moins de zéle pour la Doctrine de saint Augustin, dont il est le zélé défenseur.

Mais n'est-il pas encore resté des divisions en Espagne, qui ne seroient point assurément survenuës sans la mort prématurée de notre Cardinal Molina, principal Ministre, & très-attaché au sentiment de son saint Patriarche ?

Un Théologien du même Ordre fut donc obligé de *marcher entre le feu & l'eau sans être brulé ni submergé*, pour faire voir que les observations d'un Jansénifte sur le Bref de Benoît XIV. au grand Inquisiteur d'Espagne, étoient fausses, illusoires, schismatiques, & calomnieuses ; &

S. August. Epist. 48. num. 2.

que les Molinistes étoient inexcusables, d'avoir attaqué pendant sa vie, & d'outrager après sa mort cette Eminence, qui n'avoit d'autres sentimens que ceux de saint Augustin, qu'elle a justifiés par l'approbation de toute l'Eglise.

Approb. des Censeurs Romains. Lettres à un grand Prélat

Enfin Bellelli & Berti, n'ont-ils pas continué à défendre avec succès la Doctrine de leur Pere dans la Capitale du Monde Chrétien ? Leurs Ouvrages dénoncés en France par un grand Prélat, ne sont-ils pas sortis des flammes de la fournaise, plus purs & plus brillans ?

L'AVOCAT.

Vuës les preuves solides, variées & multipliées, que vous avez tirées de saint Augustin & des Auteurs contemporains, pour démontrer son Monachisme : Les Bulles d'Innocent IV. de Jean XXII. & de Martin IV. La part que vous avez euë aux deux translations des Reliques de saint Augustin, d'Hyppone, où elles restérent soixante-dix-huit ans, dans l'Isle de Sardaigne, où saint Fulgence les transfera l'an 508, & où elles avoient résidé deux cens quatorze ans, lorsque vos Moines accompagnérent Luïtprand, Roi des Lombards, qui les transfera l'an 722 à Pavie, dans l'Eglise au-Ciel-doré : La pieuse libéralité de ce Prince qui vous donna, pour y bâtir un Monastere. le Champ, où la Caisse qui renfermoit les Reliques de saint Augustin, devint tout d'un coup miraculeusement immobile : La part que vous avez encore euë à la translation du Corps de sainte Monique, d'Ostie où elle étoit depuis mil quarante ans, lorsqu'on le transféra dans l'une de vos Eglises de Rome : Vu enfin le zéle tendre, singulier & constant, que vous avez conservé près de quatorze cens ans pour saint Augustin, & pour la défense de sa Doctrine, je reconnois la sagesse de Salomon dans le jugement des souverains Pontifes, & vous félicite de la justice qu'ils vous ont renduë, en vous accordant le Corps de saint Augustin, dont vous conservez l'esprit; & les Reliques de sainte Monique, dont vous faites un plus saint usage que la Mere de l'Enfant à qui le sage Roi d'Israël le fit restituer

Mais je vous avoue que j'ai peine à concevoir comment les Sçavans, après tant de preuves claires & démonstratives, ont pu avoir le moindre doute sur le Monachisme de saint Augustin.

L'AUGUSTIN.

Les Sçavans attentifs à la lecture des Ouvrages de saint Augustin, n'en ont eu aucun doute. Il est aisé de vous en donner des preuves. Jansénius, Evêque d'Ypres, est sans contredit un sçavant. Il est peu d'Hommes qui ayent lu & médité, autant que lui, les Ouvrages de saint Augustin. Or, loin de douter, il lui rend honneur & gloire d'avoir introduit le premier le Monachisme en Afrique. Lisez, Monsieur, ses termes sont clairs & précis. C'est l'unique endroit où il a bien développé l'esprit & le cœur de notre saint Docteur. Il dit que sa Conversion fut semblable à celle de la Madeleine, de saint Pierre & de saint Paul, qu'il s'avança toujours, comme ces grands saints *de vertu en vertu*, & que rien ne fut capable de le détourner du chemin de la vie austere, qu'il avoit embrassée, *de sorte qu'il n'a pas moins été aux Religieux, aux Prêtres & aux Evêques, un excellent modele, que les Apôtres l'ont été à lui-même & à tout le Peuple Chrétien.*

Psalm. 83.

Libr. proem. derat. & aut. tom. 2. *c.* 19.

Car il a été le premier qui a introduit en Afrique la vie Monastique, & qui l'a répanduë en

plusieurs endroits. C'est de là que sont venus les Hermites & les autres Religieux *qui combattent sous l'étendart d'un si grand* Chef, *& qui par la fécondité de son esprit, sont devenus en si grand nombre, que quelques-uns comptent plus de cinquante-quatre Ordres célebres, qui combattent sous le nom & la protection d'Augustin leur Empereur : Et pour le dire en un mot, &*
Rom. 13. *pour ne point causer* de querelle & d'envie *dans les louanges de celui qui a été converti par ce dard; il a enfanté tant d'essains de Moines, qu'ils approchent bien près des milliers de Moines, qui combattent sous la discipline du grand Benoît.*

Il est le premier qui, dans ces tems-là, a établi la vie commune avec son Clergé..... Il a toujours eu tant d'horreur de la propriété..... qu'il n'a point fait de Testament à cause de sa pauvreté.

Il a été le premier qui s'est associé des Clercs & des Religieux, *pour demeurer & vivre avec lui : Ce qui fait que les uns & les autres respectent également son nom & sa mémoire.*

Il a été jusqu'à present le premier & le dernier depuis les Apôtres, qui a très-exactement uni en sa personne deux choses presque diamétralement opposées ; la plus haute érudition...... avec l'humilité la plus profonde.

Vous voyez aisément par cet extrait abregé, que Jansenius parle en sçavant, & qu'il connoissoit parfaitement le cœur de saint Augustin. Mais lisez, Monsieur, à vos heures libres ce Livre préliminaire, & vous jugerez sans peine que les Historiens & les Prédicateurs de nos jours ne nous tracent que des idées très-imparfaites de l'abondance des graces que Dieu avoit répanduës dans l'esprit & le cœur de ce saint Docteur.

Ce seroit, Monsieur, se fermer les yeux pour ne pas voir voir la lumiere en plein midi, que de ne pas reconnoître le Monachisme de saint Augustin. Presque tous les Moines & les Religieux d'Occident nous l'annoncent à haute voix.

Vous avez été témoin que les sçavans Peres Bénédictins ne se sont point contentés de le prouver & de l'établir solidement dans la vie de saint Augustin; mais qu'ils se glorifient de ce que saint Benoît le regardoit comme son Maître, & le proposoit à ses Disciples comme leur Pere. Combien donc de milliers de Moines qui professent la Régle de saint Benoît, publient le le Monachisme de saint Augustin?

Libr. 3. vit. S. Aug c. 2. n. 2. Prol. Reg. Regul. c. 3.

Vous avez été surpris que saint Bonaventure ne dissimuloit point dans la Vie de saint François, qu'il avoit appris les Exercices de la vie Monastique dans une solitude Augustinienne, qu'il y fut revêtu de notre Habit & de notre Ceinture. Combien de milliers de Moines qui combattent sous la Discipline de S. François d'Assise, publient encore le Monachisme de S. Augustin?

Ajoutez, Monsieur, à tout l'Ordre de saint Benoît & à toutes les Congrégations qui professent la Régle de saint François d'Assise, les cinquante-quatre Ordres célébres, qui de l'aveu de Jansenius, combattent sous l'Etendart de saint Augustin leur Empereur; & jugez si je n'ai pas été en droit de vous dire que presque tous les Moines & les Religieux de l'Occident publient à haute voix le Monachisme de notre saint Docteur?

Les Sçavans de ces derniers siécles en ont-ils donc parlé moins clairement que saint Augustin lui-même, sainte Monique, Valere Evêque d'Hyppone, Aurele Archevêque de Carthage,

saint Posside Evêque de Calame, & saint Paulin qui fut ensuite Evêque de Nole, & même que les Papes Innocent IV. Jean XXII. & Martin V.? Les Sçavans ne disent-ils pas beaucoup plus que les Auteurs contemporains, qui ne pouvoient prevoir, que Dieu feroit en sa
Genes. 22. faveur ce qu'il fit pour Abraham, dont il *multiplia la Race comme les étoiles du Ciel, & comme le sable qui est sur le rivage de la Mer*? Ne font-ils pas sentir par leurs expressions, que saint Augustin n'a pas été seulement Moine & l'Instituteur des Moines; mais qu'il est dans la nouvelle alliance, ce qu'Abraham a été dans l'ancienne, le Patriarche des Patriarches de presque tous les Moines & Religieux de l'Occident?

L'AVOCAT.

Je ne m'arrête point à la conclusion que vous tirez du prologue de sa Régle, & de la Régle même de saint Benoît; des paroles de saint Bonaventure, & du témoignage de Jansenius. Cette conclusion qui est très-glorieuse à saint Augustin, & qui le met dans la nouvelle alliance au rang d'Abraham dans l'ancienne, me fait plaisir par la vénération singuliere que j'ai pour ce saint Docteur. Je souhaite de tout mon cœur que votre parallele soit aussi agéable aux Sçavans qu'il l'est à moi-même.

Mais ce qui me mortifie, & ce qui rallentit ma joie, c'est que vous vous serviez de l'autorité de Jansenius, que vous en fassiez l'éloge, & que vous me conseilliez la lecture de son Livre préliminaire, pour y découvrir ce qui manque aux Historiens & aux Prédicateurs de nos jours sur les grandes qualités de saint Augustin. Ignorez-vous que son Augustin a été condamné par toute l'Eglise?

L'AUGUSTIN.

Et vous, Monsieur, ne sçavez-vous pas que Dieu enrichit autrefois les Israëlites des dépouilles des Egyptiens ? Il faut distinguer les matieres de la Grace des faits personnels que Jansenius raconte sur le genre de vie de saint Augustin. Condamnons son Livre avec toute l'Eglise ; non-seulement sur les matieres de la Grace, de la liberté & de la mort de J. C. à laquelle il ne donne pas assez d'étenduë ; mais encore sur les faits dogmatiques qui regardent les Semipelagiens, & saint Augustin lui-même, dont il nous a donné un Commentaire pernicieux. Mais il n'en est pas de même des faits personnels qui ne concernent que le genre de vie de ce saint Docteur. Il en étoit mieux instruit qu'un autre par la lecture de ses Ouvrages, souvent réïtérée. Il ne doit donc pas vous être suspect sur cet Article. Il n'étoit point ami des Religieux, & moins encore des Augustins, qu'il connoissoit opposés aux nouveautés qu'il vouloit introduire. Il n'y a donc que la force de la vérité, qui ait pu lui arracher ce qu'il a écrit sur le Monachisme de saint Augustin. En un mot, il y a autant d'exactitude dans l'idée qu'il nous presente du cœur de ce saint Docteur, qu'il y a d'injustice & d'infidélité dans celle qu'il nous donne de l'usage de son esprit, qui étoit si soumis à l'Eglise, qu'il déclare lui-même, qu'il *n'auroit pas cru à l'Evangile, si l'autorité de l'Eglise ne l'y eût déterminé*.

Exod. 12.

Libr. contr. Epist. fund. cap. 5.

L'AVOCAT.

Je vous rends graces, mon Révérend Pere, de m'avoir instruit d'un fait historique, que je suis fâché d'avoir si long-tems ignoré. Je vous rendrai dans la suite, & à votre Ordre, toute la justice que vos méritez.

FIN.

TABLE DES MATIERES.

PREMIER ENTRETIEN.

DEUXIEME ENTRETIEN.

TABLE DES MATIERES.

TROISIEME ENTRETIEN.

QUATRIEME ENTRETIEN.

CINQUIEME ENTRETIEN.

SIXIEME ENTRETIEN.

SEPTIEME ENTRETIEN.

Fin de la Table.

ERRATA.

PAge 10. *ligne* 4. le nom, *lisez* ce nom.
16. 28. *Spiritus*, *Spiritu*.
19. 17. son, sont.
31. 14. un Monastere, *ajoûtez* de Moines.
41. 4. si le nombre, *lisez* si le grand nombre.
53. 19. résultant, insultant.
58. 22. de douceur, de cœur.
59. 21. indiscrétion, digression.
61. 28. adoptée, adaptée.
65. 31. adoptés, adaptés.
67. 6. adoptés, adaptés.
71. 24. sont, se sont.

www.ingramcontent.com/pod-product-compliance
Ingram Content Group UK Ltd.
Pitfield, Milton Keynes, MK11 3LW, UK
UKHW021546260726
13993UKWH00002B/661